Catherine Dautel

FRANZÖSISCH *ganz leicht*

HÖRKURS

Begleitheft

Max Hueber Verlag

4. 3. 2. | Die letzten Ziffern
2010 09 08 07 06 | bezeichnen Zahl und Jahr des Druckes.
Alle Drucke dieser Auflage können, da unverändert,
nebeneinander benutzt werden.
1. Auflage

Coverfoto Vordergrund: © Digital Vision, Coverfoto Hintergrund: © Goodshoot
Redaktion: Jürgen Frank, München
Satz und Layout: Thomas Schack, Ismaning
Druck und Bindung: kdg mediatech AG, A-6652 Elbigenalp 91
Printed in Austria
ISBN 3-19-023315-2

Einleitung

Bonjour und herzlich willkommen bei unserem Hörkurs *Französisch ganz leicht*!
Sie haben eine gute Wahl getroffen: Ohne Buch können Sie mit diesem Hörkurs den Grundwortschatz und die Grundgrammatik des Französischen in wichtigen Situationen des Alltags lernen.
Der Kurs ist so konzipiert, dass Sie alle Lernschritte nur mit Hilfe der CDs machen.
Trotzdem haben wir dieses Begleitheft beigefügt – „für alle Fälle" und für den Fall, dass Sie sich ausführlicher mit der in den einzelnen Lektionen (= *Situations*) behandelten Grammatik beschäftigen wollen.

Dieses Begleitheft bietet Ihnen die folgenden Hilfestellungen:

- Lerntipps und Hinweise zur Benutzung des Kurses
- Übersicht über die *Situations*
- Dialoge mit deutscher Übersetzung zu jeder *Situation*
- Erläuterungen zu Grammatik und Sprachgebrauch zu jeder *Situation*
- Alphabetisches Wörterverzeichnis des Gesamtkurses Französisch–Deutsch
- Alphabetisches Wörterverzeichnis des Gesamtkurses Deutsch–Französisch
- Grammatische Fachausdrücke
- Die wichtigsten Ausspracheregeln des Französischen

Dieses Begleitheft stellt auch eine Art Leitfaden durch den Kurs dar. Es soll Ihnen helfen, einen bestimmten Dialog oder eine bestimmte Übung schnell wiederzufinden. Deshalb finden Sie vor jeder *Situation* eine Liste der Tracks, die Sie ansteuern können.

Wir wünschen Ihnen viel Spaß und Erfolg! *Bonne chance !*

Lerntipps und Hinweise zur Benutzung des Kurses

Im Folgenden geben wir Ihnen einige Lerntipps und Hinweise zum Aufbau dieses Hörkurses.

Lerntipps

- ***Strategie ist alles:*** Ein Selbstlernprogramm gibt Ihnen die Möglichkeit, Tempo, Rhythmus und Intensität des Lernprozesses selbst zu gestalten. Versuchen Sie, Ihre eigene Lernstrategie zu entwickeln. Sie kennen sich selbst am besten und wissen, wann und wo Ihnen das Lernen am leichtesten fällt. Bedenken Sie aber, dass es effektiver ist, öfter und in kurzen, konzentrierten Lernperioden zu arbeiten statt einmal mehrere Stunden hintereinander.
- ***Übung macht den Meister:*** Hören Sie sich so oft wie möglich die CDs an. Sprechen Sie die französischen Wörter und Sätze nach, auch wenn Sie zunächst nicht alles verstehen. Wiederholen Sie regelmäßig auch die Lektionen, die Sie bereits bearbeitet haben. Dadurch wird das Gelernte vertieft und Ihr Ohr gewöhnt sich schneller an die fremde Sprache. Das kommt auch Ihrer Aussprache zugute. Überhaupt: Wiederholung ist die Mutter des Lernerfolgs. Ihr Selbstlernkurs ist geduldiger als jeder Lehrer. Es kann eigentlich gar nicht vorkommen, dass ein Text oder eine Übung nicht „sitzt", denn Sie können den Stoff ja so oft wiederholen, bis Sie ihn „draufhaben". Machen Sie von dieser Möglichkeit schamlos Gebrauch! Beherrschung, nicht schnelles Vorwärtsgehen, ist das Ziel.
- ***Nicht vordrängeln!:*** Bitte arbeiten Sie die *Situations* unbedingt der Reihe nach durch. Auch ist wichtig, dass Sie nichts auslassen, denn die Lektionen bauen aufeinander auf.
- ***Kopf hoch!:*** Lassen Sie sich auf keinen Fall dadurch entmutigen, dass Sie einmal total „Bahnhof" verstehen oder falsche Antworten geben. Hören Sie sich die in *D'abord, un peu de vocabulaire* präsentierten Wörter noch einmal an oder schauen Sie bei Bedarf die deutsche Übersetzung im Begleitheft nach (die wörtliche Übersetzung ist zur Verdeutlichung der französischen Konstruktion in Klammern angegeben). Und was die Übungen angeht: die können Sie ja ebenfalls beliebig oft wiederholen.
- ***Für Grammatik-Freaks:*** Falls Sie an ausführlicheren Informationen zu Grammatik und Sprachgebrauch interessiert sind, lesen Sie bitte die entsprechenden Passagen hier im Begleitheft durch, während Sie eine *Situation* bearbeiten.
- ***Aussprache:*** Lassen Sie sich nicht durch die Aussprache irritieren. Sie werden feststellen, dass Französisch oft anders gesprochen als geschrieben wird. Viel wird verschluckt oder ein Wort ist nicht sofort zu erkennen, weil es mit dem nächsten verbunden gesprochen ist. Am Anfang mag dies für Sie befremdend sein, aber kein Grund zur Panik. Sie werden mit Hilfe der CDs immer mehr Sicherheit bekommen. Am Ende des Begleithefts finden Sie „für alle Fälle" eine Übersicht über die Ausspracheregeln des Französischen.

Aufbau des Hörkurses

Der Hörkurs besteht aus 10 *Situations* (Situationen), denen eine zusammenhängende, unterhaltsame Geschichte zu Grunde liegt. Carina, eine junge Deutsche aus Berlin, die beruflich nach Nantes fliegt, lernt im Flugzeug einen jungen Franzosen, Sébastien, kennen. Sie trifft sich in Nantes mehrmals mit ihm und erlebt Situationen, in die auch ein Tourist gerät. Durch ihre Freundschaft entwickelt Carina einen engen Bezug zu Land und Leuten.

Jede *Situation* übt schwerpunktmäßig mehrere Redeabsichten und grammatische Strukturen in einer typischen Reisesituation, die in einem motivierenden Dialog dargestellt sind. Jede *Situation* umfasst 10 Lernschritte (= CD-Tracks), in denen der Stoff eingehend dargestellt und geübt wird. Die stets gleiche Abfolge der Lernschritte bzw. Tracks pro *Situation* ist wie folgt:

1. ***Imaginez-vous ...*** – „Stellen Sie sich vor ...":
   Einstimmung in die Situation des Dialogs.

2. ***D'abord, un peu de vocabulaire*** – „Zuerst etwas Wortschatz":
   Bevor Sie den Dialog hören, können Sie sich entspannt zurücklehnen und – bei leiser Musik – die wichtigsten Wörter und Ausdrücke mit deutscher Übersetzung anhören.

3. ***Ecoutez le dialogue*** – „Hören Sie den Dialog":
   Sie hören den Dialog, wobei Sie auf ein bestimmtes Detail besonders achten sollen (Hörverstehen). Es ist nicht notwendig, dass Sie jedes Wort verstehen! Es reicht vollkommen aus, wenn Sie zuerst dem Text in groben Zügen folgen können.

4. ***Ecoutez et répétez*** – „Hören Sie und sprechen Sie nach":
   Hier hören Sie den Text noch einmal, diesmal mit Pausen zum Nachsprechen. Dieser Lernschritt ist wichtig, damit Sie sich mit der französischen Aussprache immer sicherer fühlen! Machen Sie ihn am besten mehrmals durch und versuchen Sie, geradezu schauspielerhaft die Aussprache der Sprecher(innen) schön laut zu imitieren. Es ist ein besonderer Vorteil des Selbstlernkurses, dass Sie dieses Üben „im stillen Kämmerlein" machen können. Übrigens werden Sie feststellen, dass Sie den Text bei mehrfacher Wiederholung der Nachsprechaktivität immer besser verstehen. Lücken im Verständnis können Sie bei Bedarf durch Nachschlagen im Begleitheft füllen.

5. ***Exercice un*** – „Übung 1" (eine Hörverständnisübung zum Dialog)

6. ***Exercice deux*** – „Übung 2"

7. ***Exercice trois*** – „Übung 3"

8. ***Exercice quatre*** – „Übung 4": Den Übungen 2 – 3 ist gemeinsam, dass mit ihnen die wesentlichen Redewendungen und grammatischen Strukturen eingeübt werden. Das für diese Übungen überaus wirksame „Einschleifsystem" erfolgt in 4 Phasen:
   1. Phase (Hören): Sie hören einen Satz, der die Aufgabe stellt.
   2. Phase (Sprechen): Sie sprechen Ihre Lösung.
   3. Phase (Hören): Sie hören die richtige Lösung.
   4. Phase (Sprechen): Sie wiederholen die richtige Lösung.

   Sie werden feststellen, dass Ihnen dieses immer gleiche Übungsverfahren in Fleisch und Blut übergeht und dass Sie rasche Fortschritte im Hörverstehen, prompten Antworten (am Anfang haben Sie damit natürlicherweise noch ein bisschen Probleme) und überhaupt im ungehemmten Sprechen machen. Diese Übungen „lösen Ihnen die Zunge"! Bei diesen Übungen kommt manchmal passiver Wortschatz dazu, den Sie verstehen werden, der aber nicht systematisch geübt wird.

9. ***Exercice cinq : test de vocabulaire*** – „Übung 5: Wortschatztest":
   In dieser Übung fassen wir alle wichtigen Wörter und Redewendungen der *Situation* zusammen, diesmal ausgehend vom Deutschen. Diese Übung erfolgt in 3 Phasen:
   1. Phase: Hören eines deutschen Ausdrucks.
   2. Phase: Sprechen der französischen Übersetzung.
   3. Phase: Zur Kontrolle Hören der richtigen französischen Übersetzung.

10. ***Exercice six : conversation*** – „Übung 6: Konversation":
    Bei der letzten Übung sind Sie ganz auf sich gestellt. Sie unterhalten sich mit einem Gesprächspartner bzw. einer Gesprächspartnerin auf der CD und geben Ihre ganz persönlichen Antworten. Dabei üben Sie noch einmal die in der *Situation* gelernten Wörter und Redewendungen. Bei dieser *conversation* gibt es logischerweise keine Musterlösung. Sie werden sehen, wie viel Sie schon sagen können, und Spaß daran haben, dass Sie schon an kleinen Unterhaltungen teilnehmen können.

Übersicht über die *Situations*

Situation 1

Dans l'avion Paris-Nantes – *Im Flugzeug von Paris nach Nantes*

- Redeabsichten: Sich begrüßen, sich vorstellen, sich entschuldigen, über Nationalität, Beruf und Wohnort sprechen, sich verabschieden.
- Grammatik: Die Intonationsfrage, die untebonten Subjektpronomen, die Verben *être* (sein) und *avoir* (haben) im Präsens, die Nationalitätsadjektive, die Zahlen von 0 bis 20, Groß- und Kleinschreibung.

Situation 2

A l' « Hôtel de l'Océan » – *Im „Hôtel de l'Océan" (Der Ozean)*

- Redeabsichten: In einem Hotel einchecken, seinen Namen und seine Adresse angeben, buchstabieren, sich über die Einrichtungen im Hotel erkundigen, sich bedanken.
- Grammatik: Das Alphabet, die Verben auf *-er* im Präsens, der bestimmte Artikel, der unbestimmte Artikel, die Verneinung.

Situation 3

A l'office de tourisme – *Auf dem Fremdenverkehrsamt*

- Redeabsichten: Nach dem Weg fragen, Auskünfte über eine Stadt erfragen, Tage und Öffnungszeiten, Verständigungsprobleme ansprechen.
- Grammatik: Der Plural der Substantive, das Verb *aimer*, das Verb *aller* (gehen / fahren) im Präsens, die Verschmelzung des bestimmten Artikels mit der Präposition *à*, Formen von Fragesätzen, das Frageadjektiv *quel*, die Zahlen von 21 bis 101.

Situation 4

A la brasserie « La Cigale » – *In der Brasserie „La Cigale" (Die Zikade)*

- Redeabsichten: Über sein Befinden sprechen, Getränke im *café* bestellen, über das Wetter und die Jahreszeiten sprechen, Nachfragen bei Verständigungsproblemen.
- Grammatik: Die Verben *prendre* (nehmen) und *faire* (machen / tun) im Präsens, Arten von Fragesätzen, Teilfragen mit den Fragewörtern *que* (was), *comment* (wie) und *où* (wo), die betonten Personalpronomen.

Situation 5

Rendez-vous samedi – *Verabredung am Samstag*

- Redeabsichten: Über Vergangenes berichten, einen Vorschlag machen, sich verabreden, zusagen und ablehnen.
- Grammatik: Die Uhrzeit, das Fragewort *quand* (wann), die Verben auf *-ir* im Präsens, das Perfekt (*passé composé*), die Reflexivverben.

Situation 6

Au marché de Talensac – *Auf dem Markt von Talensac*

- Redeabsichten: Lebensmittel einkaufen, jemanden fragen, was er braucht, nach dem Preis fragen, Mengenangaben machen, bezahlen.
- Grammatik: Teilungsartikel, Mengenangaben, Verneinung des unbestimmten Artikels und des Teilungsartikels, die Verben auf *-re*, das Verb *acheter* (kaufen), die Verben *pouvoir* (können / dürfen) und *vouloir* (wollen).

Situation 7

Au restaurant « Le Moulin bleu » – ***Im Restaurant „Le Moulin bleu" (Die blaue Mühle)***

- Redeabsichten: Eine Speisekarte lesen, ein Essen bestellen, über das Essen sprechen, über Vergangenes berichten.
- Grammatik: Verneinung des Perfekts, die Zeitpräpositionen *depuis* (seit) und *il y a* (vor), die Ortspräpositionen *à, en, au* und *aux* bei Städten und Ländernamen, die Verschmelzung des bestimmten Artikels mit der Präposition *de*, Adjektive (Angleichung und Stellung).

Situation 8

Une boutique rue Crébillon – ***Eine Boutique in der Rue Crébillon***

- Redeabsichten: Kleidung einkaufen, vergleichen, näher definieren, Farben benennen, argumentieren.
- Grammatik: Demonstrativbegleiter *ce, cet, cette* und *ces,* Adjektive (Komparativ), die direkten Objektpronomen der 3. Person (*le, la* und *les*).

Situation 9

Une excursion au bord de la mer – ***Ein Ausflug ans Meer***

- Redeabsichten: Die Umgebung beschreiben, Besitzverhältnisse angeben.
- Grammatik: Possessivbegleiter *mon, ma, mes* etc., die indirekten Objektpronomen der 3. Person (*lui* und *leur*), die direkten und indirekten Objektpronomen (Übersicht), Ortspräpositionen.

Situation 10

Une soirée chez des amis – ***Ein Abend bei Freunden***

- Redeabsichten: Jemanden näher kennen lernen, über Pläne sprechen, das Datum angeben.
- Grammatik: Die nahe Zukunft, das Fragewort *pourquoi* (warum), die Ortspräposition *chez* (bei).

CD 1	Track 1	Situation 1	Begrüßung / *Imaginez-vous ...*
	Track 2	Situation 1	*D'abord, un peu de vocabulaire*
	Track 3	Situation 1	*Ecoutez le dialogue*
	Track 4	Situation 1	*Ecoutez et répétez*
	Track 5	Situation 1	*Exercice un*
	Track 6	Situation 1	*Exercice deux*
	Track 7	Situation 1	*Exercice trois*
	Track 8	Situation 1	*Exercice quatre*
	Track 9	Situation 1	*Exercice cinq : test de vocabulaire*
	Track 10	Situation 1	*Exercice six : Conversation*

Dialog mit deutscher Übersetzung

Das Zeichen ‿ zwischen zwei Wörtern (z.B. vous‿êtes) gibt an, dass zwischen diesen beiden Wörtern die **liaison** (= Bindung) gemacht werden muss, d.h. dass die beiden Wörter wie **ein** Wort ausgeprochen werden. Dabei wird der letzte Konsonant des vorausgehenden Wortes, der an sich stumm ist, hörbar. Es handelt sich dabei aber nicht um ein orthographisches Zeichen! Mehr zum Thema **liaison** finden Sie im Abschnitt *Die wichtigsten Ausspracheregeln des Französischen.*

(C = Carina, S = Sébastien)

Dans l'avion Paris-Nantes
Carina et Sébastien
sont dans l'avion Paris-Nantes.
Carina a la place cinq,
Sébastien a la place six,
mais il y a un petit problème ...

C Bonjour Monsieur !
Euh, excusez-moi,
vous‿êtes à ma place.
S Oh pardon !
J'ai la place six,
pas la cinq.
Je suis désolé !
C Ce n'est pas grave !
S Passez, je vous‿en prie.
C Merci.
S Vous‿allez en vacances ?
C Non pas‿exactement,
je vais à Nantes pour le travail.
S Vous travaillez dans quel domaine ?
C Dans la décoration.
Je travaille dans‿une
entreprise franco-allemande à Berlin.
S Ah, vous n'êtes pas française ...
Mais vous parlez
très bien français !
C Merci beaucoup.
Je suis moitié allemande,
moitié italienne.

Im Flugzeug von Paris nach Nantes
Carina und Sébastien
sind im Flugzeug von Paris nach Nantes.
Carina hat (den) Platz fünf,
Sébastien hat (den) Platz sechs,
aber es gibt ein kleines Problem ...

Guten Tag, Monsieur!
Äh, entschuldigen Sie,
Sie sitzen auf meinem Platz.
Oh, Entschuldigung!
Ich habe (den) Platz sechs,
nicht fünf.
Tut mir leid!
Das ist nicht schlimm!
Gehen Sie doch bitte durch.
Danke.
Fahren Sie in Urlaub?
Nein, nicht wirklich,
ich fliege beruflich (für die Arbeit) nach Nantes.
In welchem Bereich arbeiten Sie?
In der Innenausstattung.
Ich arbeite bei einer
deutsch-französischen Firma in Berlin.
Ah, Sie sind keine Französin ...
Aber Sie sprechen
sehr gut Französisch!
Vielen Dank.
Ich bin halb Deutsche,
halb Italienerin.

S	Vous êtes bilingue alors, quelle chance vous‿avez ! Je m'appelle Sébastien. Et vous ?	*Sie sind also zweisprachig, was für ein Glück Sie haben! Ich heiße Sébastien. Und Sie?*
C	Moi, je suis Carina. Vous‿habitez à Nantes ?	*Ich bin Carina. Wohnen Sie in Nantes?*
S	Oui, c'est‿une ville très sympa[1]...	*Ja, es ist eine sehr angenehme Stadt.*
	...	...
S	Voilà mon numéro de portable. Alors à bientôt ?	*Hier ist meine Handy-Nummer. Dann, bis bald?*
C	D'accord. Au revoir !	*OK. Auf Wiedersehen!*
S	Salut !	*Tschüs!*

Erläuterungen zu Grammatik und Sprachgebrauch

1. Begrüßung, Verabschiedung, Anrede

Bonjour *Guten Morgen / Guten Tag* verwendet man den ganzen Tag über. Höflicher ist es, **Madame** / **Mademoiselle** oder **Monsieur** hinzuzufügen. Dabei brauchen Sie nicht (wie im Deutschen) den Familiennamen zu nennen. Die Anrede **Mademoiselle** *Fräulein* ist bei jungen Frauen in Frankreich nicht so verpönt wie in Deutschland.

Abends können Sie mit **bonsoir** *guten Abend* sowohl jemanden begrüßen als auch sich verabschieden. „Gute Nacht" heißt auf Französisch **bonne nuit**.

Mit **au revoir** *auf Wiedersehen* verabschiedet man sich. **Salut** *hallo / tschüss* ersetzt **bonjour, bonsoir** und **au revoir,** ist aber umgangssprachlicher.

2. Die Intonationsfrage

Vous‿allez en vacances ?	*Fahren Sie in Urlaub?*
Carina est bilingue ?	*Ist Carina zweisprachig?*
Vous‿habitez à Nantes ?	*Wohnen Sie in Nantes?*

Bei dieser Art von Fragesatz ist in der Satzstellung kein Unterschied zum **Aussagesatz**. Lediglich die Satzmelodie steigt zum Satzende an und gibt Ihnen den Hinweis, dass es sich um eine Frage handelt.

3. Die unbetonten Subjektpronomen

Sie werden stets in Verbindung mit einem Verb gebraucht.

	Singular		Plural
je	*ich*	**nous**	*wir*
tu	*du*	**vous**	*ihr / Sie*
il	*er*	**ils**	*sie*
elle	*sie*	**elles**	*sie*
on	*man / wir*		

➡ **Je** wird vor Vokal oder stummem **h** apostrophiert → **j'**:

[1] sympa: Abkürzung von „sympathique" = sympathisch, angenehm, super

J'ai la place six.	*Ich habe Platz sechs.*
J'habite à Nantes.	*Ich wohne in Nantes.*

➡ **On** bedeutet ursprünglich „man". In der Umgangssprache steht es aber häufig für **nous**:

On parle allemand.	*Man spricht Deutsch.*
On‿est à Nantes. = **Nous** sommes à Nantes.	*Wir sind in Nantes.*

➡ **Vous** hat im Französischen zwei Bedeutungen:
1. *ihr*
2. Höflichkeitsform *Sie*

Vous‿allez en vacances ?	*Fahrt ihr in Urlaub? / Fahren Sie in Urlaub?*
Vous‿allez à Nantes ?	*Fahrt ihr nach Nantes? / Fahren Sie nach Nantes?*

➡ Für *sie* (3. Person Plural) gibt es im Französischen – gerechterweise – zwei Pronomen: **ils** (männlich) und **elles** (weiblich). Dabei wird **ils** auch für gemischte Gruppen von männlichen und weiblichen Personen oder Sachen verwendet, **elles** dagegen nur für weibliche:
Pierre, Marie et Chantal → **ils**
Marie et Chantal → **elles**

➡ Neben den unbetonten Subjektpronomen gibt es noch die betonten Subjektpronomen. Diese lernen Sie in *Situation* 4 kennen.

4. Die Verben *être* (sein) und *avoir* (haben) im Präsens

Die Formen dieser beiden wichtigen Hilfsverben sollten Sie sich möglichst bald einprägen.

je **suis**	*ich bin*
tu **es**	*du bist*
il / elle **est**	*er / sie ist*
on‿**est**	*man ist / wir sind*
nous **sommes**	*wir sind*
vous‿**êtes**	*ihr seid / Sie sind*
ils / elles **sont**	*sie sind*

j'**ai**	*ich habe*
tu **as**	*du hast*
il / elle **a**	*er / sie hat*
on‿**a**	*man hat / wir haben*
nous‿**avons**	*wir haben*
vous‿**avez**	*ihr habt / Sie haben*
ils‿ / elles‿**ont**	*sie haben*

➡ Wenn ein Verb mit Vokal oder stummem **h** beginnt, muss die **liaison** (= Bindung) zwischen dem Pronomen und diesem Verb gemacht werden; dabei wird der Endkonsonant des Pronomens ausgesprochen:
vous‿êtes [wu**s**ät]   vous‿avez [wu**s**awe]

➡ Mit dem Verb **être** können Sie im Französischen die Nationalität angeben:
Je suis‿allemand.   *Ich bin Deutscher.*

➡ **C'est** heißt „das / es ist". Bitte merken Sie sich diesen wichtigen Ausdruck.
C'est‿une ville sympa. *Es ist eine angenehme Stadt.*

➡ Mit dem Verb **avoir** wird u.a. das Alter angegeben:
Tu **as** quel âge ? *Wie alt bist du?*
J'**ai** seize ans. *Ich bin sechzehn Jahre alt.*

5. Die Nationalitätsadjektive

Im Französischen gleichen sich die Adjektive in Geschlecht (männlich / weiblich) und Zahl (Einzahl / Mehrzahl) ihrem Bezugswort an.

männlich	**weiblich**	
françai~~s~~[1]	françai**se**	*französisch, Franzose / Französin*
alleman~~d~~	alleman**de**	*deutsch, Deutscher / Deutsche*
italien	italie**nne**	*italienisch, Italiener / Italienerin*
espagnol	espagnol**e**	*spanisch, Spanier / Spanierin*
autrichien	autrichie**nne**	*österreichisch, Österreicher / Österreicherin*
suisse	suisse	*schweizerisch, Schweizer / Schweizerin*
anglai~~s~~	anglai**se**	*englisch, Engländer / Engländerin*
chinoi~~s~~	chinoi**se**	*chinesisch, Chinese / Chinesin*

➡ Vous parlez bien **français**. *Sie sprechen gut Französisch.*
Un monsieur **français**. *Ein französischer Herr.*
Vous‿êtes **française** ? *Sind Sie Französin?*

➡ Die weibliche Form der meisten französischen Adjektive wird durch Anhängen von **-e** an die männliche Form gebildet, es sei denn diese endet bereits auf **-e** (z.B. **suisse**). In diesem Fall gibt es nur eine Form für beide Geschlechter. Das Anhängen des **-e** bewirkt in der Regel eine wichtige Ausspracheänderung, durch die sich die weibliche Form von der männlichen unterscheidet: Der letzte Konsonant der männlichen Form, der meist nicht ausgesprochen wird (z.B. **françai~~s~~**: das **-s** ist stumm), wird in der weiblichen Form hörbar (z.B. **française**: das **-s** wird gesprochen).

➡ Die Nationalitätsbezeichnungen können auch substantivisch verwendet werden; sie werden dann großgeschrieben: C'est un **F**rançais. *Das ist ein Franzose.*

6. Die Zahlen von 0 bis 20

0	zéro	6	six	12	douze	18	dix-huit
1	un	7	sept	13	treize	19	dix-neuf
2	deux	8	huit	14	quatorze	20	vingt
3	trois	9	neuf	15	quinze		
4	quatre	10	dix	16	seize		
5	cinq	11	onze	17	dix-sept		

7. Groß- und Kleinschreibung

Im Französischen werden in der Regel nur Eigennamen (Paris, Nantes, Carina, Sébastien) sowie das erste Wort eines Satzes großgeschrieben.

[1] Der durchgestrichene Buchstabe bedeutet, dass der Konsonant nicht hörbar ist.

CD 1	Track 11	Situation 2	*Imaginez-vous ...*
	Track 12	Situation 2	*D'abord, un peu de vocabulaire*
	Track 13	Situation 2	*Ecoutez le dialogue*
	Track 14	Situation 2	*Ecoutez et répétez*
	Track 15	Situation 2	*Exercice un*
	Track 16	Situation 2	*Exercice deux*
	Track 17	Situation 2	*Exercice trois*
	Track 18	Situation 2	*Exercice quatre*
	Track 19	Situation 2	*Exercice cinq : test de vocabulaire*
	Track 20	Situation 2	*Exercice six : Conversation*

Dialog mit deutscher Übersetzung

(C = Carina, R = le réceptionniste de l'hôtel)

A l' « Hôtel de l'Océan »	***Im „Hôtel de l'Océan" (Der Ozean)***
C Bonjour Monsieur,	*Guten Tag, Monsieur,*
j'ai réservé une chambre.	*ich habe ein Zimmer reserviert.*
R A quel nom ?	*Auf welchen Namen?*
C Hermann.	*Hermann.*
R Une chambre double	*Ein Doppelzimmer*
pour cinq nuits,	*für fünf Nächte,*
c'est ça ?	*ist das richtig?*
C Non, une chambre simple	*Nein, ein Einzelzimmer*
pour six nuits	*für sechs Nächte*
avec salle de bains.	*mit Bad.*
R Un moment,	*Einen Moment,*
je regarde ma liste ...	*ich schaue auf meiner Liste nach ...*
Ermann, comment ça s'écrit ?	*Ermann, wie schreibt man das?*
C H-E-R-M-A-deux‿N.	*H-E-R-M-A-Doppel-N.*
R Ah oui, pardon,	*Ah ja, Entschuldigung,*
Madame Hermann de Berlin.	*Frau Hermann aus Berlin.*
C'est la chambre dix-huit,	*Es ist (das) Zimmer achtzehn,*
voilà la clé.	*hier ist der Schlüssel.*
Vous‿avez des bagages ?	*Haben Sie Gepäck?*
C Oui, j'ai une valise.	*Ja, ich habe einen Koffer.*
R Très bien, je vous montre la chambre.	*Sehr gut, ich zeige Ihnen das Zimmer.*
C C'est possible de dîner ici ?	*Ist es möglich hier zu Abend zu essen?*
R Oui, bien sûr.	*Ja, selbstverständlich.*
Le restaurant est‿à côté.	*Das Restaurant ist nebenan.*
Vous désirez réserver une table	*Möchten Sie einen Tisch*
pour ce soir ?	*für heute Abend reservieren?*
C Je ne sais pas‿encore ...	*Ich weiß noch nicht ...*
Il y a une salle de sport à l'hôtel ?	*Gibt es einen Fitnessraum im Hotel?*
R Oui, mais la salle de sport	*Ja, aber der Fitnessraum*
est fermée actuellement,	*ist momentan geschlossen,*
elle est en rénovation.	*er wird renoviert (ist in Renovierung).*
C Oh, ce n'est pas grave.	*Oh, das ist nicht schlimm.*
Et il y a un bar ?	*Und gibt es eine Bar?*
R Oui, et le bar	*Ja, und die Bar*
n'est pas en rénovation.	*wird nicht renoviert.*

	Il est‿ouvert à partir de dix-huit‿heures.	*Sie ist geöffnet* *ab 18 Uhr.*
C	Très bien ! Euh … et le petit déjeuner est servi à quelle heure ?	*Sehr gut! Äh … und wann gibt es (wird serviert das) Frühstück?*
R	Entre sept et dix‿heures.	*Zwischen sieben und zehn Uhr.*
C	Je vous remercie.	*Ich danke Ihnen.*
R	Je vous‿en prie. Bonne soirée !	*Bitte schön. Schönen Abend!*

Erläuterungen zu Grammatik und Sprachgebrauch

1. Das Alphabet

In den eckigen Klammern finden Sie die vom Deutschen abweichende Aussprache.

A	B	C [se]	D	E [ö]	F	G [sche]
H [asch]	I	J [schi]	K	L	M	N
O	P	Q [kü]	R	S	T	U [ü]
V [we]	W [dublöwe]	X	Y [igräk]	Z [säd]		

2. Die Verben auf *-er* im Präsens

Die meisten französischen Verben enden im Infinitiv (= Grundform) auf **-er**, sind regelmäßig und werden wie das Verb **parler** *sprechen* konjugiert:

je parl**e**	*ich spreche*
tu parl**es**	*du sprichst*
il / elle parl**e**	*er / sie spricht*
on parl**e**	*man spricht / wir sprechen*
nous parl**ons**	*wir sprechen*
vous parl**ez**	*ihr sprecht / Sie sprechen*
ils / elles parl**ent**	*sie sprechen*

➡ Die Endungen **-e**, **-es** und **-ent** werden nicht gesprochen. Wer gemeint ist, ist in der gesprochenen Sprache also nur am Subjektpronomen erkennbar.

Hörbare Endungen:	parl**er**, nous parl**ons**, vous parl**ez**
Nicht hörbare Endungen:	je parl**e**, tu parl**~~es~~**, il/elle/on parl**e**, ils/elles parl**~~ent~~**

➡ Vor Vokal oder stummem **h** wird **je** apostrophiert: **j'**écoute, **j'**habite.

➡ Wenn ein Verb mit Vokal oder stummem **h** beginnt, muss die **liaison** (= Bindung) zwischen dem Pronomen und diesem Verb gemacht werden. Dabei wird der Endkonsonant des Pronomens ausgesprochen:
nous‿habitons [nu**s**abitõ]
nous‿écoutons [nu**s**ekutõ]
Das Zeichen‿erinnert an die **liaison** (= Bindung) in der Aussprache.

3. Der bestimmte Artikel

Der bestimmte Artikel (der / die / das) steht vor einem Substantiv (= Hauptwort) und bezeichnet dessen Geschlecht (männlich oder weiblich) und Zahl (Singular oder Plural).

	Singular	Plural
männlich	**le** bar *die Bar*	**les** bars *die Bars*
weiblich	**la** chambre *das Zimmer*	**les** chambres *die Zimmer*
vor Vokal und	**l'**avion *das Flugzeug*	**les**‿avions *die Flugzeuge*
stummem *h*	**l'**hôtel *das Hotel*	**les**‿hôtels *die Hotels*

➡ Im Französischen gibt es kein Neutrum. Deutsche Neutra sind im Französischen entweder männlich oder weiblich.
le restaurant *das Restaurant*
la chambre *das (Schlaf-)Zimmer*

4. Der unbestimmte Artikel

	Singular	Plural
männlich	**un** bar *eine Bar*	**des** bars *Bars*
weiblich	**une** chambre *ein Zimmer*	**des** chambres *Zimmer*
vor Vokal und	**un**‿avion *ein Flugzeug*	**des**‿avions *Flugzeuge*
stummem *h*	**un**‿hôtel *ein Hotel*	**des**‿hôtels *Hotels*

➡ Im Französischen gibt es eine Pluralform des unbestimmten Artikels: **des**. Im Deutschen wird in diesem Fall kein Artikel verwendet.
des salles de réunion *Besprechungsräume*
J'ai des bagages. *Ich habe Gepäck.*

5. Die Verneinung

Die Verneinung des Verbs im Französischen besteht im Allgemeinen aus zwei Teilen (z.B. **ne ... pas**), die das konjugierte Verb umschließen.

Je **ne** sais **pas**.	*Ich weiß (es) nicht.*
Il **ne** parle **pas** allemand.	*Er spricht kein Deutsch.*
Vous **n'**êtes **pas** française ?	*Sie sind keine Französin?*

➡ Vor Vokalen oder stummem **h** wird **ne** zu **n'**.

➡ In der gesprochenen Sprache entfällt oft der erste Teil der Verneinung, das **ne:**
Je **ne** sais **pas**. → Je sais **pas**. *Ich weiß nicht.*
Je **ne** parle **pas** chinois. → Je parle **pas** chinois. *Ich spreche kein Chinesisch.*

CD 1	Track 21	Situation 3	*Imaginez-vous ...*
	Track 22	Situation 3	*D'abord, un peu de vocabulaire*
	Track 23	Situation 3	*Ecoutez le dialogue*
	Track 24	Situation 3	*Ecoutez et répétez*
	Track 25	Situation 3	*Exercice 1*
	Track 26	Situation 3	*Exercice 2*
CD 2	Track 1	Situation 3	*Exercice 3*
	Track 2	Situation 3	*Exercice 4*
	Track 3	Situation 3	*Exercice 5 : test de vocabulaire*
	Track 4	Situation 3	*Exercice 6 : conversation*

Dialog mit deutscher Übersetzung

(C = Carina, P = un passant, E = l'employée de l'office de tourisme)

A l'office de tourisme	***Auf dem Fremdenverkehrsamt***
C Pardon Monsieur,	*Entschuldigung Monsieur,*
pour aller à la place du Commerce,	*wie komme ich (um zu gehen) bitte zur „Place*
s'il vous plaît ?	*du Commerce"?*
P La place du Commerce ?	*Zur „Place du Commerce"?*
C'est facile.	*Das ist leicht.*
C'est toujours tout droit.	*Es ist immer geradeaus.*
C Merci bien. Au revoir !	*Danke schön. Auf Wiedersehen!*
...	...
E Bonjour, Madame.	*Guten Tag, Madame.*
C Bonjour, je voudrais	*Guten Tag, ich hätte gern*
un plan de ville,	*einen Stadtplan,*
s'il vous plaît.	*bitte.*
E Voilà. Vous cherchez	*Bitte schön (Hier). Suchen Sie*
quelque chose de particulier ?	*etwas Bestimmtes?*
C Je suis à l'hôtel de l'Océan ...	*Ich bin im Hotel Océan ...*
Pour aller au centre des Congrès,	*Wie komme ich zum Kongresszentrum,*
c'est loin de l'hôtel à pied ?	*ist es weit vom Hotel zu Fuß?*
E Non, ce n'est pas loin	*Nein, es ist nicht weit,*
mais il faut prendre	*aber Sie müssen (man muss)*
le bus numéro 41, euh non ...	*den Bus Nummer 41 nehmen, ach nein ...*
42, direction Vertou.	*42, Richtung Vertou.*
L'arrêt de bus est‿en face de l'hôtel.	*Die Bushaltestelle ist gegenüber vom Hotel.*
C'est le cinquième arrêt.	*Es ist die fünfte Haltestelle.*
Le centre des Congrès est juste	*Das Kongresszentrum ist genau*
derrière l'arrêt de bus.	*hinter der Bushaltestelle.*
C Et où est le château	*Und wo ist das Schloss*
des Ducs de Bretagne ?	*der Herzöge der Bretagne?*
E Regardons le plan :	*Schauen wir auf dem Plan nach:*
nous sommes‿ici ;	*wir sind hier;*
pour aller au château,	*(um) zum Schloss (zu gehen,)*
vous‿allez tout droit,	*gehen Sie geradeaus,*
puis vous tournez à gauche	*dann biegen Sie nach links ab*
et vous prenez la petite rue ... à droite.	*und nehmen die kleine Straße ... rechts.*
Le château est devant vous.	*Das Schloss steht (ist) vor Ihnen.*

C	Est-ce qu'il y a des visites guidées ?	*Gibt es Führungen?*
E	Oui, une le matin et une l'après-midi. Mais aujourd'hui mardi, c'est fermé. C'est ouvert tous les jours sauf le mardi de 10 h à 18 h (heures).	*Ja, eine vormittags und eine nachmittags. Aber heute am Dienstag ist es geschlossen. Es ist täglich geöffnet außer dienstags von 10 bis 18 Uhr.*
C	Dommage ! Aujourd'hui, je suis libre. Mais mercredi et jeudi, je vais au Salon de la Décoration. Peut-être vendredi …	*Schade! Heute habe ich Zeit (bin ich frei). Aber am Mittwoch und Donnerstag gehe ich zur Innenausstattungsmesse. Vielleicht am Freitag …*
E	Euh … En ce moment, il y a une exposition très‿intéressante sur « Nantes et le surréalisme » au musée des Beaux-‿Arts. Il est situé dans la rue Clémenceau près du Jardin des Plantes.	*Ach … Im Moment gibt es eine sehr interessante Ausstellung über „Nantes und der Surrealismus" im Museum der Schönen Künste. Es befindet sich in der „rue Clémenceau" neben dem „Jardin des Plantes".*
C	Pardon … Est-ce que vous pouvez répéter, c'est quelle rue ?	*Entschuldigung … Können Sie wiederholen, welche Straße es ist?*
E	La rue … Georges Clémenceau. C'est ici sur le plan.	*Die „rue … Georges Clémenceau". Hier ist sie auf dem Plan.*
C	Oh, c'est‿une bonne idée ! Alors je vais à l'exposition. J'aime beaucoup le surréalisme. Merci beaucoup pour les renseignements.	*Oh, das ist eine gute Idee! Dann gehe ich zu der Ausstellung. Ich mag den Surrealismus sehr. Vielen Dank für die Auskünfte.*
E	De rien. Au revoir et bon séjour à Nantes.	*Bitte. Auf Wiedersehen und einen schönen (guten) Aufenthalt in Nantes.*

Erläuterungen zu Grammatik und Sprachgebrauch

1. Bitte

Sie haben bereits zwei Ausdrücke für „bitte" kennen gelernt: **je vous en prie** und **s'il vous plaît**. **S'il vous plaît** sagen Sie, wenn Sie jemanden um etwas bitten. Wenn Sie Ihren Gesprächspartner duzen, sagen Sie **s'il te plaît**. „Bitte" als Reaktion auf „danke" heißt auf Französisch **je vous en prie** (sehr höflich und eher formell), **de rien** oder **pas de quoi**.

2. *Les jours de la semaine* (die Wochentage)

lundi	*Montag*	vendredi	*Freitag*
mardi	*Dienstag*	samedi	*Samstag*
mercredi	*Mittwoch*	dimanche	*Sonntag*
jeudi	*Donnerstag*		

➡ **le mardi** = *dienstags*
Le mardi, le musée est fermé. *Dienstags ist das Museum geschlossen.*

lundi = *am Montag*
Lundi, je vais à une exposition. *Am Montag gehe ich in eine Ausstellung.*

➡ samedi matin	*Samstag Vormittag*
samedi après-midi	*Samstag Nachmittag*
samedi soir	*Samstag Abend*

2. Der Plural der Substantive

Der Plural der Substantive wird in der Regel durch Anhängen von **-s** an die Singularform gebildet. Dieses **-s** wird aber nicht gesprochen. In der gesprochenen Sprache erkennt man daher die Pluralform lediglich am Begleiter, z.B. am bestimmten Artikel:
le [lö] jour ↔ **les** [le] jours.

Singular	Plural
le jour	**les** jours
la place	**les** places
l'hôtel	**les**‿hôtels
un plan	**des** plans
une exposition	**des**‿expositions
une idée	**des**‿idées

3. Das Verb *aimer*

Aimer hat im Deutschen verschiedene Bedeutungen:

J'**aime** beaucoup le surréalisme.	*Ich **mag** den Surrealismus sehr.*
Je t'**aime**.	*Ich **liebe** dich.*
J'**aime** manger.	*Ich esse **gern**.*

4. Das Verb *aller* (gehen / fahren) im Präsens

je **vais**	*ich gehe*
tu **vas**	*du gehst*
il / elle **va**	*er / sie geht*
on **va**	*man geht / wir gehen*
nous‿**allons**	*wir gehen*
vous‿**allez**	*ihr geht / Sie gehen*
ils / elles **vont**	*sie gehen*

➡ **Aller** ist das einzige unregelmäßige Verb auf **-er**.

➡ **Aller** wird auch zur Angabe der Befindlichkeit verwendet:
Je vais bien. *Mir geht es gut.*

5. Die Verschmelzung des bestimmten Artikels mit der Präposition *à*

Die Präposition **à** verschmilzt mit den Artikeln **le** und **les** zu **au** bzw. **aux**.

Pour aller **au** centre-ville ?	à + le → **au**	*Wie komme ich zum Stadtzentrum?*
Pour aller à la cathédrale ?		*Wie komme ich zum Dom?*
Pour aller à l'hôtel ?		*Wie komme ich zum Hotel?*
Pour aller **aux** Champs-‿Elysées ?	à + les → **aux**	*Wie komme ich zu den Champs-Elysées?*

6. Formen von Fragesätzen

Im Französischen gibt es drei Formen von Fragesätzen:

Intonationsfrage:	**Vous‿allez** en vacances ?
est-ce que-Frage:	**Est-ce que vous‿allez** en vacances ?
Inversionsfrage:	**Allez-vous** en vacances ?
	Fahren Sie / Fahrt ihr in Urlaub?

➡ Die häufigsten Frageformen sind
- die Intonationsfrage, bei der die Stimme am Satzende angehoben wird (diese Form haben Sie bereits in der ersten *Situation* kennen gelernt), und
- die **est-ce que**-Frage, bei der einfach **est-ce que** an den Satzanfang gesetzt wird.

➡ Die Inversionsfrage gehört dem gehobenen Stil bzw. der Schriftsprache an. Bei ihr sind – wie im Deutschen – Subjekt (**vous**) und Verb (**allez**) vertauscht. Ist das Subjekt ein Pronomen, wird es durch einen Bindestrich an das Verb angeschlossen.

7. Das Frageadjektiv *quel*

Das Frageadjektiv **quel** entspricht dem deutschen „welche/-r/-s" und richtet sich in Geschlecht und Zahl nach dem Substantiv.

	Singular	Plural
männlich:	**quel** numéro ?	**quels** numéros ?
weiblich:	**quelle** rue ?	**quelles** rues ?

8. Die Zahlen von 21 bis 101

21	vingt **et** un(e)	52	cinquante-deux	83	quatre-vingt-trois
22	vingt-deux	53	cinquante-trois etc.	84	quatre-vingt-quatre
23	vingt-trois	60	soixante	85	quatre-vingt-cinq
24	vingt-quatre	61	soixante **et** un(e)	86	quatre-vingt-six
25	vingt-cinq	62	soixante-deux	87	quatre-vingt-sept
26	vingt-six	63	soixante-trois etc.	88	quatre-vingt-huit
27	vingt-sept	70	soixante-dix	89	quatre-vingt-neuf
28	vingt-huit	71	soixante **et** onze	90	quatre-vingt-dix
29	vingt-neuf	72	soixante-douze	91	quatre-vingt-onze
30	trente	73	soixante-treize	92	quatre-vingt-douze
31	trente **et** un(e)	74	soixante-quatorze	93	quatre-vingt-treize
32	trente-deux	75	soixante-quinze	94	quatre-vingt-quatorze
33	trente-trois etc.	76	soixante-seize	95	quatre-vingt-quinze
40	quarante	77	soixante-dix-sept	96	quatre-vingt-seize
41	quarante **et** un(e)	78	soixante-dix-huit	97	quatre-vingt-dix-sept
42	quarante-deux	79	soixante-dix-neuf	98	quatre-vingt-dix-huit
43	quarante-trois etc.	80	quatre-vingts	99	quatre-vingt-dix-neuf
50	cinquante	81	quatre-vingt-un(e)	100	cent
51	cinquante **et** un(e)	82	quatre-vingt-deux	101	cent un

➡ Bei **21, 31, 41, 51, 61** und **71** wird **et** verwendet, bei **81**und **91** dagegen nicht.
➡ Bei **quatre-vingts** entfällt das **-s**, wenn eine weitere Zahl folgt.

CD 2	Track 5	Situation 4	*Imaginez-vous ...*
	Track 6	Situation 4	*D'abord, un peu de vocabulaire*
	Track 7	Situation 4	*Ecoutez le dialogue*
	Track 8	Situation 4	*Ecoutez et répétez*
	Track 9	Situation 4	*Exercice 1*
	Track 10	Situation 4	*Exercice 2*
	Track 11	Situation 4	*Exercice 3*
	Track 12	Situation 4	Exercice *4*
	Track 13	Situation 4	*Exercice 5 : test de vocabulaire*
	Track 14	Situation 4	*Exercice 6 : conversation*

Dialog mit deutscher Übersetzung

(S = Sébastien, C = Carina, SR = serveur)

	A la brasserie « La Cigale »	***In der Brasserie „La Cigale" (Die Zikade)***
S	Bonjour, comment ça va ?	*Guten Tag, wie geht's?*
C	Oh, très bien.	*Oh, sehr gut.*
	Nantes est‿une ville très chouette.	*Nantes ist eine ganz tolle Stadt.*
S	Oui, c'est vrai,	*Ja, das stimmt (das ist wahr),*
	et vous‿avez de la chance ...	*und Sie haben Glück ...*
	Il fait beau !	*Das Wetter ist schön! (Es macht schön!)*
C	C'est vrai. On‿entend toujours	*Das ist wahr. Man hört immer,*
	qu'en Bretagne, il pleut souvent ...	*dass es in der Bretagne oft regnet ...*
S	Ah ... c'est du blabla.	*Ah ... das ist Gerede.*
	Il pleut mais ici,	*Es regnet, aber hier*
	le temps change vite.	*wechselt das Wetter schnell.*
	On dit qu'en Bretagne,	*Man sagt, dass in der Bretagne*
	il y a du soleil	*die Sonne (es gibt Sonne)*
	plusieurs fois par jour !	*mehrmals täglich scheint!*
	En‿hiver il fait doux,	*Im Winter ist es mild,*
	il y a du vent	*es ist windig (es gibt Wind),*
	mais il neige rarement.	*aber es schneit selten.*
C	Et en‿été, quel temps fait-il ?	*Und im Sommer, wie ist das Wetter?*
S	En‿été, il fait assez chaud.	*Im Sommer ist es ziemlich warm.*
	O.K., ce n'est pas la Méditerrannée	*OK, es ist nicht das Mittelmeer,*
	mais ... Ah voilà le serveur !	*aber ... Ah, da ist der Kellner!*
SR	Bonjour Messieurs Dames,	*Guten Tag, die Herrschaften,*
	qu'est-ce que vous prenez ?	*was darf's sein (was nehmen Sie)?*
S	Qu'est-ce que vous prenez ?	*Was möchten (nehmen) Sie?*
	Une bière, un jus de fruits ?	*Ein Bier, einen Fruchtsaft?*
C	Je ne sais pas ...,	*Ich weiß nicht ...,*
	peut-être un vin de la région ...	*vielleicht einen Wein aus der Gegend ...*
SR	Un muscadet alors ?	*Einen Muscadet vielleicht (dann)?*
	C'est un vin blanc sec.	*Es ist ein trockener Weißwein.*
C	Très bien, un verre de muscadet.	*Sehr gut, ein Glas Muscadet.*
S	Moi, je prends un demi.	*Ich nehme ein Bier vom Fass.*
	Qu'est-ce que vous avez à la pression ?	*Was für Fassbier haben Sie?*
SR	Kronenbourg, Heineken ou Paulaner.	*Kronenbourg, Heineken oder Paulaner.*
S	Pour moi, une Paulaner [polanär].	*Für mich ein Paulaner.*

C	Qu'est-ce que c'est Paulaner ?	*Was ist das, Paulaner?*
	Je ne comprends pas …	*Ich verstehe nicht …*
S	Mais c'est‿une bière allemande …	*Aber es ist ein deutsches Bier …*
	Paulaner [polanör], Po …	*Paulaner, Pau …*
C	Ah ... Paulaner !	*Ah … Paulaner!*
	C'est drôle comment vous prononcez !	*Es ist lustig, wie Sie das aussprechen!*
S	Comment est-ce que vous prononcez ?	*Wie sprechen Sie das aus?*
C	PAU-LA-NER. C'est pas difficile[1]…	*PAU-LA-NER. Es ist nicht schwer …*
S	Je parle anglais et espagnol	*Ich spreche Englisch und Spanisch,*
	mais allemand pas du tout.	*aber Deutsch überhaupt nicht.*
	Et vous ? ... Et toi ? Euh …	*Und Sie? … Und du? Ach …*
	On se dit tu, d'accord ?	*Sagen wir du zu einander, einverstanden?*
C	Oui, bien sûr. C'est plus sympa.	*Ja, klar (selbstverständlich). Das ist netter.*
	Nous, en‿Allemagne,	*Wir in Deutschland*
	on apprend en général	*lernen im Allgemeinen*
	d'abord l'anglais mais moi,	*zuerst Englisch, aber ich*
	j'ai commencé avec le français.	*habe mit Französisch angefangen.*
S	Ah, voilà les boissons !	*Ah, da sind die Getränke!*
	A ta santé !	*Auf dein Wohl!*
C	Santé !	*Zum Wohl!*

Erläuterungen zu Grammatik und Sprachgebrauch

1. Befinden

Wenn Sie jemanden nach seinem Befinden fragen wollen, sagen Sie:

Comment ça va ? *oder einfach* Ça va ?	*Wie geht's?*
Comment vas-tu ?	*Wie geht's dir?*
Comment allez-vous ?	*Wie geht es Ihnen?*

Die Antwort darauf kann lauten:

(Je vais) bien, merci.	*(Es geht mir) gut, danke.*
Très bien, merci, et toi / vous?	*Sehr gut, danke, und dir / Ihnen?*
Ça va.	*Es geht so.*

2. *Le café*

Das französische **café** entspricht nicht dem deutschen „Café“, wo man Kaffee trinkt und Kuchen isst. Das ist in Frankreich **le salon de thé. Le café** bezeichnet vielmehr eine Art Kneipe und ist in diesem Sinne gleichbedeutend mit **le bistrot, le bar** oder **la brasserie**. Eine **brasserie** ist eine größere Kneipe mit einer umfangreicheren Auswahl an Biersorten und gängigen Gerichten oder Snacks.

[1] = gesprochenes Französisch. Die korrekte Form ist: ce n'est pas difficile.

3. Die Verben *prendre* (nehmen) und *faire* (machen / tun) im Präsens
Diese zwei Verben sind unregelmäßig, werden aber sehr häufig verwendet.

je prend**s**	*ich nehme*
tu prend**s**	*du nimmst*
il / elle pren**d**	*er / sie nimmt*
on pren**d**	*man nimmt / wir nehmen*
nous pren**ons**	*wir nehmen*
vous pren**ez**	*ihr nehmt / Sie nehmen*
ils / elles **prennent**	*sie nehmen*

Qu'est-ce que tu **prends** ? *Was nimmst (trinkst / isst) du?*

Ebenso konjugiert werden die Verben **apprendre** *lernen* und **comprendre** *verstehen.*
J'**apprends** le français. *Ich lerne Französisch.*
Je **comprends** un peu le français. *Ich verstehe ein bisschen Französisch.*

je fai**s**	*ich mache*
tu fai**s**	*du machst*
il / elle fai**t**	*er / sie macht*
on fai**t**	*man macht / wir machen*
nous fais**ons**	*wir machen*
vous **faites**	*ihr macht / Sie machen*
ils / elles **font**	*sie machen*

Mit dem Verb **faire** können Sie viel ausdrücken:
Qu'est-ce que vous **faites** ? *Was machen Sie (beruflich)?*
Nous **faisons** la cuisine. *Wir kochen.*

Faire wird auch zur Beschreibung des Wetters verwendet:
Il **fait** beau. *Es ist schön.*
Il **fait** chaud / froid. *Es ist warm / kalt.*

4. *Les saisons* (die Jahreszeiten)

le printemps	*der Frühling*	l'automne	*der Herbst*
l'été	*der Sommer*	l'hiver	*der Winter*
au printemps	*im Frühling*	en‿automne	*im Herbst*
en‿été	*im Sommer*	en‿hiver	*im Winter*

5. Arten von Fragesätzen
Wie im Deutschen unterscheidet man im Französischen zwischen zwei Arten von Fragesätzen:
- **Entscheidungsfragen** (= Ja-/Nein-Fragen), z.B.
  Vous‿habitez à Paris ? *Wohnen Sie in Paris?*
- **Teilfragen** (= Fragewort-Fragen), z.B.
  Qu'est-ce que vous prenez ? *Was nehmen Sie?*

6. Teilfragen mit den Fragewörtern *que* (was), *comment* (wie) und *où* (wo)

Die Fragesätze mit **que, comment** und **où** sind Teilfragen und können – wie die Entscheidungsfragen – als Intonationsfrage, als **est-ce que**-Frage und als Inversionsfrage ausgedrückt werden.

Intonationsfrage	**est-ce que**-Frage	Inversionsfrage	
Vous prenez quoi?	Qu'**est-ce que** vous prenez ?	Que prenez-vous ?	*Was nehmen Sie?*
Vous prononcez comment ?	Comment **est-ce que** vous prononcez ?	Comment prononcez-vous ?	*Wie sprechen Sie das aus?*
Vous‿habitez où ?	Où **est-ce que** vous‿habitez ?	Où habitez-vous ?	*Wo wohnen Sie?*

➡ Bei der Intonationsfrage wird das Fragewort oft nachgestellt.

➡ Bei der Inversionsfrage werden wie im Deutschen Subjekt (**vous**) und Verb (**prononcez**) vertauscht.

7. Die betonten Personalpronomen

Die Bezeichnung „betonte Personalpronomen" weist darauf hin, dass diese Pronomen eine **Hervorhebung** ausdrücken. Sie haben keine lexikalische Entsprechung im Deutschen.

➡ **Moi**, je prends un demi. *Ich nehme ein Bier vom Fass.*

Singular		Plural	
1. Person	**moi**	1. Person	nous
2. Person	**toi**	2. Person	vous
3. Person	**lui**	3. Person	**eux**
	elle		elles

➡ Beachten Sie insbesondere die fett gedruckten Pronomen, denn die anderen sind mit den Subjektpronomen (→ *Situation* 1) identisch.

Die betonten Personalpronomen werden folgendermaßen verwendet.

➡ Wenn das Pronomen allein steht:
Et toi ? *Und du?*

➡ Nach dem Ausdruck *c'est*:
C'est toi ? – Oui, c'est moi. *Bist du's? – Ja, ich bin's.*

➡ Nach Präpositionen:
C'est pour moi ? *Ist es / das für mich?*
devant lui *vor ihm*
derrière eux *hinter ihnen*

CD 2	Track 15	Situation 5	*Imaginez-vous ...*
	Track 16	Situation 5	*D'abord, un peu de vocabulaire*
	Track 17	Situation 5	*Ecoutez le dialogue*
	Track 18	Situation 5	*Ecoutez et répétez*
	Track 19	Situation 5	*Exercice 1*
	Track 20	Situation 5	*Exercice 2*
	Track 21	Situation 5	*Exercice 3*
	Track 22	Situation 5	*Exercice 4*
	Track 23	Situation 5	*Exercice 5 : test de vocabulaire*
	Track 24	Situation 5	*Exercice 6 : conversation*

Dialog mit deutscher Übersetzung

(S = Sébastien, C = Carina, SR = serveur)

Rendez-vous samedi

S Alors, qu'est-ce que tu as visité à Nantes ?
C Hier et aujourd'hui, j'ai travaillé.
J'ai participé à un colloque,
on‿a beaucoup discuté ...
Hier soir, je me suis couchée tard,
vers minuit et demie.
S Tu as eu le temps de voir quelque chose ?
C Lundi, j'ai fait les boutiques
au centre-ville,
j'ai regardé les tissus
et j'ai vu le passage « Pommeraye ».

Après, je suis‿allée à une exposition
très‿intéressante
sur « Nantes et le surréalisme ».
S Tu es allée au passage « Pommeraye » ?!
C'est un « must » à Nantes.
C'est une galerie marchande
tout‿à fait étonnante ...
Et le salon finit quand ?
C Demain midi.
Après, j'ai rendez-vous avec des clients.
Si je réussis à obtenir un contrat,
c'est gagné ...

S Quand est-ce que tu repars pour Berlin ?
C Je pars dimanche matin.
S A quelle heure ?
C A onze heures et quart.
S Tu as des projets pour samedi ?
Si tu veux, on va au bord de la mer...
Ça te dit ?
C J'ai très envie d'aller à la mer ... mais ...
S C'est‿à une petite heure d'ici
en voiture.

Verabredung am Samstag

Also, was hast du denn in Nantes besichtigt?
Gestern und heute habe ich gearbeitet.
Ich habe an einem Kolloquium teilgenommen,
wir haben viel diskutiert ...
Gestern Abend bin ich spät ins Bett gegangen,
gegen halb eins.
Hast du Zeit gehabt etwas zu sehen?
Am Montag habe ich einen Schaufenster-
bummel im Stadtzentrum gemacht,
ich habe die Stoffe angeschaut
und ich habe die Einkaufspassage
„Pommeraye" gesehen.
Danach bin ich zu einer sehr interessanten
Ausstellung über „Nantes und der
Surrealismus" gegangen.
Du bist in der Passage „Pommeraye" gewesen?!
Es ist ein „Muss" in Nantes.
Es ist eine ganz besondere
Einkaufspassage ...
Und wann geht die Messe zu Ende?
Morgen Mittag.
Danach habe ich Termine mit Kunden.
Wenn es mir gelingt, einen Vertrag zu
bekommen, bin ich nicht umsonst hier
gewesen (ist es gewonnen) ...
Wann fliegst du nach Berlin zurück?
Ich fliege Sonntag Morgen.
Um wie viel Uhr?
Um Viertel nach elf.
Hast du Pläne für Samstag?
Wenn du willst, fahren wir ans Meer ...
Hast du Lust (Sagt es dir zu)?
Ich habe große Lust ans Meer zu fahren ... aber ...
Es ist nur eine Stunde (eine kleine Stunde)
mit dem Auto von hier.

	La côte est très jolie ...	*Die Küste ist sehr schön (hübsch) ...*
C	Pourquoi pas ? J'ai le temps. J'accepte avec plaisir.	*Warum nicht? Ich habe Zeit. Ich sage gern zu.*
S	Je passe te prendre à l'hôtel vers neuf‿heures? Ça te va ?	*Ich hole dich gegen neun Uhr im Hotel ab? Passt es dir?*
C	Neuf‿heures ... C'est parfait.	*Neun Uhr ... Sehr gut.*
S	Monsieur s'il vous plaît ! L'addition !	*Bitte zahlen!*
SR	Ça fait 6,80 € [six‿euros quatre-vingts].	*Das macht 6,80 €.*
S	[*zum Kellner*] Voilà.	*Hier bitte.*
	[*zu Carina*] Alors à samedi matin !	*Dann bis Samstag Morgen!*
C	A samedi !	*Bis Samstag!*

Erläuterungen zu Grammatik und Sprachgebrauch

1. Die Uhrzeit

Quelle heure est-il ? – Il est ...	***Wie viel Uhr ist es? – Es ist ...***
Il est une heure.	13.00
Il est dix‿heures.	10.00
Il est dix‿heures cinq.	10.05
Il est dix‿heures dix.	10.10
Il est dix‿heures vingt.	10.20
Il est onze heures moins vingt.	10.40
Il est onze heures moins cinq.	10.55

Für Zeitangaben bis „halb" zählen Sie die Minuten, die seit der letzten vollen Stunde vergangen sind, hinzu; ab „halb" ziehen Sie die Minuten, die bis zur nächsten Stunde fehlen, mit **moins** ab.

Merken Sie sich:

Il est dix‿heures **et** quart. 10.15

Il est dix‿heures **et** demie. 10.30

Bei Viertel und halb wird **et** eingeschoben.

und

Il est onze heures **moins le** quart. 10.45

Merken Sie sich auch:

Il est midi.	12.00
Il est minuit.	24.00
Il est huit‿heures du matin.	8.00
Il est huit‿heures du soir.	20.00

„Um" wird auf Französisch mit **à** ausgedrückt:

Ils se rencontrent **à** onze heures. *Sie treffen sich **um** elf Uhr.*

2. Das Wort *rendez-vous*

Ein **rendez-vous** ist im Französischen sowohl eine Verabredung als auch ein Termin.

J'ai rendez-vous avec Philippe. *Ich bin mit Philippe verabredet.*

J'ai rendez-vous avec un client. *Ich habe einen Termin mit einem Kunden.*

3. Das Fragewort *quand* (wann)

Intonationsfrage:	Vous partez **quand** ?
est-ce que-Frage:	**Quand est-ce que** vous partez ?
Inversionsfrage:	**Quand** partez-vous ?
	Wann fahren (gehen / fliegen) Sie / fahrt (geht / fliegt) ihr weg ?

➡ Bei der Intonationsfrage wird das Fragewort an das Satzende gestellt.

4. Die Verben auf *-ir* im Präsens

Neben den Verben auf -**er** bilden die Verben auf -**ir** wie **finir** *beenden* eine zweite wichtige Gruppe.

je fini**s**	*ich beende*
tu fini**s**	*du beendest*
il / elle fini**t**	*er / sie beendet*
on fini**t**	*man beendet / wir beenden*
nous finiss**ons**	*wir beenden*
vous finiss**ez**	*ihr beendet / Sie beenden*
ils / elles finiss**ent**	*sie beenden*

Hörbare Endungen:	fin**ir**, nous finiss**ons**, vous finiss**ez**
Nicht hörbare Endungen:	je fini~~**s**~~, tu fini~~**s**~~, il/elle/on fini~~**t**~~, ils/elles finiss~~**ent**~~

➡ Bei diesen Verben wird im Plural -**iss**- zwischen Stamm und Endung eingeschoben.
Hier noch ein paar Beispiele:

réussir *Erfolg haben*:	nous réuss**iss**ons, vous réuss**iss**ez, il réuss**iss**ent
choisir *(aus-)wählen*:	nous chois**iss**ons, vous chois**iss**ez, ils/elles chois**iss**ent

Eine kleine Gruppe von Verben auf -**ir** wie **partir** *weggehen / abreisen* wird wie folgt im Präsens konjugiert:

je par**s**	*ich gehe weg*
tu par**s**	*du gehst weg*
il / elle par**t**	*er / sie geht weg*
on par**t**	*man geht weg / wir gehen weg*
nous part**ons**	*wir gehen weg*
vous part**ez**	*ihr geht weg / Sie gehen weg*
ils / elles part**ent**	*sie gehen weg*

➡ Ebenso konjugiert wird **sortir** *hinausgehen / ausgehen*.

5. Das Perfekt

Hier eine Übersicht über die Formen:

Perfekt mit **avoir** **travailler** *arbeiten*	Perfekt mit **être** **aller** *gehen / fahren*
j'**ai** travaillé	je **suis**‿allé(e)
tu **as** travaillé	tu **es** allé(e)
il / elle **a** travaillé	il / elle **est**‿allé(e)
on‿**a** travaillé	on‿**est**‿allé(e)(s)
nous‿**avons** travaillé	nous **sommes**‿allé(e)s
vous‿**avez** travaillé	vous‿**êtes** allé(e)(s)
ils / elles‿**ont** travaillé	ils / elles **sont**‿allé(e)s

➡ Das Perfekt (**passé composé**) ist eine zusammengesetzte Zeit der Vergangenheit ähnlich wie das deutsche Perfekt. Es wird mit den Präsens-Formen des Hilfsverbs **avoir** *haben* oder – bei einigen wenigen Verben – **être** *sein* und dem Partizip Perfekt des jeweiligen Verbs gebildet. Das Partizip Perfekt mit **avoir** ist in der Regel **unveränderlich**.

➡ Das Partizip wird in der Regel wie folgt gebildet:

Verben auf -**er**	→	-**é**	travaill**er** *arbeiten*	→	travaill**é** *gearbeitet*
Verben auf -**ir**	→	-**i**	fin**ir** *beenden*	→	fin**i** *beendet*
andere Verben	→	-**u**	v**oir** *sehen*	→	v**u** *gesehen*

➡ Häufig verwendete unregelmäßige Partizipien sind:

avoir *haben*	j'ai **eu**	*ich habe gehabt*
être *sein*	j'ai **été**[1]	*ich bin gewesen*
faire *machen*	j'ai **fait**	*ich habe gemacht*
prendre *nehmen*	j'ai **pris**	*ich habe genommen*
comprendre *verstehen*	j'ai **compris**	*ich habe verstanden*
apprendre *lernen*	j'ai **appris**	*ich habe gelernt*
mettre *setzen / legen / stellen*	j'ai **mis**	*ich habe gesetzt / gelegt / gestellt*

➡ Einige Verben (etwa ein Dutzend) bilden das Perfekt mit **être**. Hier die wichtigsten:

aller *gehen / fahren*	je suis allé(e)	*ich bin gegangen / gefahren*
venir *kommen*	je suis venu(e)	*ich bin gekommen*
arriver *ankommen*	je suis arrivé(e)	*ich bin angekommen*
partir *weggehen / abreisen*	je suis parti(e)	*ich bin weggegangen / abgereist*
entrer *hineingehen*	je suis entré(e)	*ich bin hineingegangen*
sortir *(hin)ausgehen*	je suis sorti(e)	*ich bin (hin)ausgegangen*

➡ Wird das Perfekt mit **être** gebildet, richtet sich das Partizip in Zahl und Geschlecht nach dem Subjekt, auf das es sich bezieht.

➡ Diese Verben werden auch im Deutschen mit dem Hilfsverb „sein" gebildet.

[1] Das Verb **être** bildet das Perfekt mit **avoir**.

6. Die Reflexivverben

Das Verb **se coucher** ist ein Reflexivverb. Reflexivverben bestehen aus dem Reflexivpronomen (**me**, **te**, **se** ...) und der konjugierten Form des Verbs. Bitte beachten Sie, dass ein französisches Reflexivverb im Deutschen nicht ebenfalls reflexiv sein muss, wie die Beispiele **se coucher** *ins Bett gehen / schlafen gehen* oder **se lever** *aufstehen* (wörtlich: *sich erheben*) zeigen. Sowohl im Französischen als auch im Deutschen reflexiv ist z.B. das Verb **se laver** *sich waschen.*

Präsens

se coucher *ins Bett gehen*

je	**me**	couche	*ich gehe ins Bett*
tu	**te**	couches	*du gehst ins Bett*
il / elle	**se**	couche	*er / sie geht ins Bett*
on	**se**	couche	*man geht / wir gehen ins Bett*
nous	**nous**	couchons	*wir gehen ins Bett*
vous	**vous**	couchez	*ihr geht / Sie gehen ins Bett*
ils / elles	**se**	couchent	*sie gehen ins Bett*

➡ Wie Sie sehen, stehen die Reflexivpronomen – anders als im Deutschen – **vor** dem Verb.

Perfekt

se coucher *ins Bett gehen*

je	me suis	couché(e)	*ich bin ins Bett gegangen*
tu	t'es	couché(e)	*du bist ins Bett gegangen*
il / elle	s'est	couché(e)	*er / sie ist ins Bett gegangen*
on	s'est	couché(e)(s)	*man ist / wir sind ins Bett gegangen*
nous	nous sommes	couché(e)s	*wir sind ins Bett gegangen*
vous	vous êtes	couché(e)(s)	*ihr seid / Sie sind ins Bett gegangen*
ils / elles	se sont	couché(e)s	*sie sind ins Bett gegangen*

➡ Alle Reflexivverben (**ohne Ausnahme**) bilden das Perfekt mit **être**.

CD 3	Track 1	Situation 6	*Imaginez-vous ...*
	Track 2	Situation 6	*D'abord, un peu de vocabulaire*
	Track 3	Situation 6	*Ecoutez le dialogue*
	Track 4	Situation 6	*Ecoutez et répétez*
	Track 5	Situation 6	*Exercice 1*
	Track 6	Situation 6	*Exercice 2*
	Track 7	Situation 6	*Exercice 3*
	Track 8	Situation 6	*Exercice 4*
	Track 9	Situation 6	*Exercice 5 : test de vocabulaire*
	Track 10	Situation 6	*Exercice 6 : conversation*

Dialog mit deutscher Übersetzung

(C = Carina, M1 = premier marchand, M2 = deuxième marchand)

Au marché de Talensac		***Auf dem Markt von Talensac***
Au stand de fruits et légumes		***Am Obst- und Gemüsestand***
Premier marchand		*Erster Händler*
M1	Bonjour, vous désirez ?	*Guten Tag, was hätten Sie gern?*
C	Un kilo de pommes	*Ein Kilo Äpfel*
	et je voudrais aussi des cerises.	*und ich möchte auch Kirschen.*
	C'est combien le kilo, s'il vous plaît ?	*Wie viel kostet das Kilo bitte?*
M1	4,49 € (quatre euros quarante-neuf).	*4,49 €.*
	Et avec ça ?	*Und außerdem?*
C	C'est tout. Ça fait combien ?	*Das ist alles. Wie viel macht das?*
M1	3,90 € (trois‿euros quatre-vingt-dix).	*3,90 €.*
	Au revoir !	*Auf Wiedersehen!*
Au stand de fromages		***Am Käsestand***
Deuxième marchand		*Zweiter Händler*
M2	Bonjour Madame, qu'est-ce que	*Guten Tag, Madame, was darf ich*
	je vous sers ?	*Ihnen geben?* (servir = *bedienen)*
C	Je voudrais du fromage. Euh ...	*Ich möchte Käse. Äh ...*
	Je prends un morceau de gruyère	*Ich nehme ein Stück Schweizer Käse*
	et ... ce fromage-là, qu'est-ce que c'est ?	*und ... dieser Käse (da), was ist das?*
M2	C'est de la tomme de Savoie.	*Das ist „Tomme de Savoie".*
	Vous voulez goûter ?	*Möchten Sie ihn probieren ?*
C	Hum, il est bon !	*Hmm, er schmeckt gut!*
M2	Goûtez aussi le Saint-Nectaire !	*Probieren Sie auch den „Saint-Nectaire"!*
	Il est en promotion ...	*Er ist im Angebot ...*
	Le kilo coûte 12,50 € (douze euros cinquante).	*Das Kilo kostet 12,50 €.*
C	Alors, donnez-moi	*Dann geben Sie mir*
	un morceau de tomme de Savoie	*ein Stück „Tomme de Savoie"*
	et un petit morceau de Saint-Nectaire.	*und ein kleines Stück „Saint-Nectaire".*
M2	Comme ça ou moins ?	*Ist es recht so oder weniger?*
C	Un peu moins, s'il vous plaît.	*Etwas weniger, bitte.*
M2	Ça fait 11,80 € (onze euros quatre-vingts) en tout.	*Das macht insgesamt 11,80 €.*
	Vous avez de la monnaie ?	*Haben Sie Kleingeld?*

C	Non, je n'ai pas de monnaie ... Ah si, j'ai une pièce de deux‿euros si vous voulez.	*Nein, ich habe kein Kleingeld ... Ach doch, ich habe ein Zwei-Euro-Stück, wenn Sie wollen.*
M2	Oui, ça m'arrange. Merci bien.	*Ja, das passt mir gut. Danke schön.*
C	Pouvez-vous me dire où je peux trouver une poste dans le quartier ? Je voudrais acheter des timbres.	*Können Sie mir sagen, wo ich hier in der Gegend eine Post finden kann? Ich möchte Briefmarken kaufen.*
M2	Il n'y a pas de poste par ici mais il y a un bureau de tabac à gauche de la sortie. Ils vendent des timbres, des cartes postales et des‿enveloppes.	*Es gibt keine Post hier (in der Gegend), aber es gibt einen Tabakladen links vom Ausgang. Sie verkaufen Briefmarken, Postkarten und Umschläge.*
C	Ah, c'est parfait. Merci beaucoup.	*Oh! Das ist toll (perfekt). Vielen Dank.*
M2	Au revoir et bonne journée !	*Auf Wiedersehen und einen schönen Tag!*

Erläuterungen zu Grammatik und Sprachgebrauch

1. Der Teilungsartikel

Um eine unbestimmte Menge von Dingen oder Personen auszudrücken, verwenden die Franzosen den so genannten „Teilungsartikel". Im Deutschen wird in diesem Fall kein Artikel gebraucht.

	nicht zählbar	zählbar
männlich	**du**	**des**
weiblich	**de la**	**des**
vor Vokal oder stummem *h*	**de l'**	**des**

Je voudrais **du** fromage.	*Ich möchte Käse.*
Je prends **de la** tomme de Savoie.	*Ich nehme „Tomme de Savoie".*
Tu veux **de l'**eau minérale ?	*Willst du Mineralwasser?*
J'ai **des**‿amis en France.	*Ich habe Freunde in Frankreich.*

➡ Auch Begriffe werden mit dem „Teilungsartikel" verwendet.
Tu as **de la** chance. *Du hast Glück.*

2. Mengenangaben

Nach Mengenangaben steht immer **de** bzw. **d'** vor Vokal oder stummem *h* + Substantiv, **ohne Artikel**.

Je voudrais un kilo **de** pommes.	*Ich möchte ein Kilo Äpfel.*
Je prends une livre **de** cerises.	*Ich nehme ein Pfund Kirschen.*
J'achète un litre **de** vin.	*Ich kaufe einen Liter Wein.*
J'ai acheté 250 grammes **d'**oignons.	*Ich habe 250 Gramm Zwiebeln gekauft.*

Weitere Mengenangaben:		und:	
un morceau **de** …	*ein Stück …*	beaucoup **de** …	*viel …*
un paquet **de** …	*eine Schachtel …*	peu **de** …	*wenig …*
une boîte **de** …	*eine Dose …*	trop **de** …	*zu viel …*
un verre **de** …	*ein Glas …*		
une tranche **de** …	*eine Scheibe …*		

3. Die Verneinung des unbestimmten Artikels und des Teilungsartikels

Tu as **un** timbre ? – Non, je **n'**ai **pas de** timbres.	*Hast du eine Briefmarke? – Nein, ich habe keine Briefmarken.*
Tu prends **une** bière ? – Non, je **ne** prends **pas de** bière.	*Nimmst du ein Bier? – Nein, ich nehme kein Bier.*
Vous avez **des** tomates ? – Non, je **n'**ai **pas de** tomates.	*Haben Sie Tomaten? – Nein, ich habe keine Tomaten.*
Vous avez **de la** monnaie ? – Non, je **n'**ai **pas de** monnaie.	*Haben Sie Kleingeld? – Nein, ich habe kein Kleingeld.*
Vous prenez **du** vin rouge ? – Non, je **ne** prends **pas de** vin rouge.	*Trinken Sie Rotwein? – Nein, ich trinke keinen Rotwein.*
Vous achetez **des**‿abricots ? – Non, je **n'**achète **pas d'**abricots.	*Kaufen Sie Aprikosen? – Nein, ich kaufe keine Aprikosen.*

➡ Bei der Verneinung werden die unbestimmten Artikel **un**, **une** und **des** sowie der Teilungsartikel **du** und **de la** durch **de** ersetzt.
Die Verneinung lautet dann **ne … pas de** bzw. **ne … pas d'** + Substantiv und entspricht dem deutschen „kein/-e".

4. Die Verben auf *-re*

Die dritte Gruppe von Verben endet in der Grundform auf **-re**. Sie werden wie das Verb **vendre** *verkaufen* konjugiert.

je vend**s**	*ich verkaufe*
tu vend**s**	*du verkaufst*
il / elle vend	*er / sie verkauft*
on vend	*man verkauft / wir verkaufen*
nous vend**ons**	*wir beenden*
vous vend**ez**	*ihr verkauft / Sie verkaufen*
ils / elles vend**ent**	*sie verkaufen*
j'ai vend**u**	*ich habe verkauft*

➡ Bei den Verben auf **-re** lauten die Endungen **-s**, **-s**, **-t**, **-ons**, **-ez**, **ent**. Endet der Infinitiv-Stamm wie bei **vendre** auf **-d**, entfällt das **-t** der 3. Person Singular.
Ebenso konjugiert werden: **attendre** *warten*, **entendre** *hören*, **répondre** *antworten*, **descendre** *hinuntergehen / aussteigen.*

5. Das Verb *acheter* (kaufen)

j'ach**è**te	*ich kaufe*
tu ach**è**tes	*du kaufst*
il / elle ach**è**te	*er / sie kauft*
on‿ach**è**te	*man kauft / wir kaufen*
nous‿achetons	*wir kaufen*
vous‿achetez	*ihr kauft / Sie kaufen*
ils / elles‿ach**è**tent	*sie kaufen*
j'ai achet**é**	*ich habe gekauft*

➡ Einige Verben auf -**er** wie **acheter** weisen Besonderheiten auf, sie haben zwei Stämme: *z.B.* **achèt**- und **achet**-.
Ebenso konjugiert werden: **répéter** *wiederholen*, **préférer** *lieber mögen / bevorzugen / vorziehen*, **se promener** *spazieren gehen.*

6. Die Verben *pouvoir* (können / dürfen) und *vouloir* (wollen)

je peux	*ich kann*
tu peux	*du kannst*
il / elle peut	*er / sie kann*
on peut	*man kann / wir können*
nous pouvons	*wir können*
vous pouvez	*ihr könnt / Sie können*
ils / elles peuvent	*sie können*
j'ai pu	*ich habe gekonnt / ich konnte*

je veux	*ich will*
tu veux	*du willst*
il / elle veut	*er / sie will*
on veut	*man will / wir wollen*
nous voulons	*wir wollen*
vous voulez	*ihr wollt / Sie wollen*
ils / elles veulent	*sie wollen*
j'ai voulu	*ich habe gewollt / ich wollte*

➡ Alle Verben auf -**oir** sind unregelmäßig.

CD 3	Track 11	Situation 7	*Imaginez-vous ...*
	Track 12	Situation 7	*D'abord, un peu de vocabulaire*
	Track 13	Situation 7	*Ecoutez le dialogue*
	Track 14	Situation 7	*Ecoutez et répétez*
	Track 15	Situation 7	*Exercice 1*
	Track 16	Situation 7	*Exercice 2*
	Track 17	Situation 7	*Exercice 3*
	Track 18	Situation 7	*Exercice 4*
	Track 19	Situation 7	*Exercice 5 : test de vocabulaire*
	Track 20	Situation 7	*Exercice 6 : conversation*

Dialog mit deutscher Übersetzung

(SR = serveur, LG = Mme Le Goff, C = Carina)

	Au restaurant « Le Moulin bleu »	***Im Restaurant „Le Moulin bleu" (Die blaue Mühle)***
SR	Vous désirez un petit apéritif ?	*Möchten Sie einen (kleinen) Aperitif?*
LG	Oui, volontiers. Pour moi un kir, s'il vous plaît. Et pour vous ?	*Ja, gerne.* *Für mich einen Kir, bitte. Und für Sie?*
C	La même chose.	*Dasselbe.*
[kurze Pause]		
SR	Vous avez choisi, Mesdames ?	*Haben Sie gewählt, Mesdames?*
LG	Oui, alors deux menus à 25 [vingt-cinq] euros, s'il vous plaît.	*Ja, also zwei Menus zu 25 Euro, bitte.*
SR	Qu'est-ce que vous prenez comme hors-d'œuvre ?	*Was nehmen Sie als Vorspeise?*
LG	Pour moi, des‿huîtres, et pour vous ?	*Für mich Austern,* *und für Sie?*
C	Je n'ai jamais mangé d'huîtres mais j'aimerais goûter.	*Ich habe noch nie Austern gegessen,* *aber ich würde gern welche probieren.*
SR	Et comme plat principal ?	*Und als Hauptgericht?*
LG	Un filet de veau au cognac. Qu'est-ce qu'il y a comme garniture ?	*Kalbsfilet in Cognac.* *Was gibt es als Beilage?*
SR	Des haricots verts.	*Grüne Bohnen.*
LG	Parfait ! [zu Carina] Vous préférez manger de la viande ou du poisson ?	*Wunderbar!* *Möchten Sie lieber* *Fleisch oder Fisch essen?*
C	Je vais prendre du poisson. Une lotte à l'armoricaine, s'il vous plaît.	*Ich werde Fisch nehmen.* *Eine Lotte nach „Armoricaine" Art, bitte.*
SR	Et comme boisson ?	*Und zu trinken?*
LG	Qu'est-ce que vous nous recommandez ?	*Was empfehlen Sie uns?*
SR	Un Chablis. Ça va avec le poisson et le veau.	*Einen Chablis.* *Er passt zum Fisch und zum Kalb.*
LG	Très bien, alors une bouteille de Chablis et une carafe d'eau, s'il vous plaît. [zu Carina] Alors vous venez de Berlin ?	*Sehr gut,* *dann eine Flasche Chablis* *und einen Krug Wasser, bitte.* *Sie kommen also aus Berlin?*
C	J'habite à Berlin depuis cinq ans mais je viens du sud, d'une petite ville de Bavière, Bad Reichenhall.	*Ich wohne seit fünf Jahren in Berlin,* *aber ich komme aus dem Süden,* *aus einer kleinen Stadt in Bayern,* *Bad Reichenhall.*

	Vous connaissez la région ?	*Kennen Sie die Gegend?*
LG	Malheureusement pas.	*Leider nicht.*
	Je ne suis jamais allée en Bavière	*Ich bin nie in Bayern gewesen,*
	mais j'ai passé des vacances en‿Autriche,	*aber ich habe Urlaub in Österreich gemacht*
	il y a dix ou onze ans.	*vor zehn oder elf Jahren.*
	La région est très belle.	*Die Gegend ist sehr schön.*
	C'est bon ?	*Schmeckt's Ihnen (Ist es gut)?*
C	C'est délicieux !	*Es ist köstlich!*
	Ce restaurant est vraiment très‿agréable.	*Dieses Restaurant ist wirklich sehr angenehm.*
LG	Oui, j'aime beaucoup venir ici.	*Ja, ich komme sehr gerne hierher.*
	La cuisine est‿excellente	*Die Küche ist vorzüglich.*
	Qu'est-ce que vous prenez comme dessert ?	*Was nehmen Sie als Nachtisch?*
C	Une crème caramel.	*Einen Karamellpudding.*
LG	Monsieur s'il vous plaît !	*(Monsieur) Bitte!*
	Une crème caramel	*Einen Karamellpudding*
	et un sorbet à la framboise.	*und ein Himbeer-Sorbet.*
SR	Vous prenez des cafés ?	*Möchten Sie Kaffee?*
LG	Oui, deux cafés et l'addition, s'il vous plaît.	*Ja, zwei Kaffee und die Rechnung, bitte.*

Erläuterungen zu Grammatik und Sprachgebrauch

1. Essen und Trinken wie Gott in Frankreich

In den meisten Restaurants in Frankreich führt Sie der Kellner an den Tisch. Es ist nicht üblich, sich zu anderen Gästen an den Tisch zu setzen.

Wein kann man entweder in ganzen (**une bouteille**) oder in halben Flaschen (**une demi-bouteille**) bestellen. Hauswein (**la réserve du patron** oder **la cuvée du patron**) ist oft gut und nicht zu teuer. Er wird entweder im Krug (**un pichet**) oder in der Karaffe (**une carafe**) angeboten.

Ein französisches Menü (**le menu**) besteht in der Regel aus einer Vorspeise (**le hors-d'œuvre**: meist ein Salat **une salade**, ein Rohkostteller **une assiette de crudités** oder Pastete **un pâté**), einem Hauptgericht (**le plat principal**: meist ein Fleisch- oder Fischgericht) und zum Schluss Käse bzw. ein Dessert.

A propos Käse: Zur Abrundung eines gutens Essens gehört in Frankreich Käse (**le fromage**).

Die Auswahl besteht meist aus 4 oder 5 Käsesorten, die auf einer Käseplatte (**un plateau de fromage**) präsentiert werden. Üblicherweise wählt man 2 oder 3 davon aus. Die Käseplatte ist aber nicht dazu bestimmt, ganz aufgegessen zu werden! Oft haben Sie in einem Menü die Wahl zwischen Käse oder Nachtisch (**un dessert**) bzw. Käse und zusätzlich Nachtisch.

Brot (**le pain**) ist im Preis inbegriffen. Es ist üblich, dass der Ober den Brotkorb nachfüllt, sobald dieser leer ist.

Leitungswasser ist kostenlos. Bestellen Sie einfach eine Karaffe Wasser (**une carafe d'eau**). Der Kellner bringt sie Ihnen gern.

Zum Schluss das Thema bezahlen. In Frankreich ist es nicht üblich, getrennt zu zahlen. Meistens zahlt erst einer alles und dann wird die Rechnung durch die Zahl der Gäste geteilt. Wenn Sie aber doch getrennt zahlen möchten, sagen Sie: **Nous voulons payer séparément** Wir möchten getrennt zahlen. Trinkgeld (**le pourboire**) kann man auf dem Tellerchen einfach liegen lassen.

Und nun wünschen wir Ihnen guten Appetit – **Bon appétit !**

2. Die Verneinung des Perfekts

Je **n'**ai **pas** compris.	*Ich habe nicht verstanden.*
Je **ne** suis **pas** allé(e) au travail aujourd'hui.	*Ich bin heute nicht zur Arbeit gegangen.*
Je **ne** me suis **pas** couché(e) tard.	*Ich bin nicht spät ins Bett gegangen.*
Tu **n'**as **jamais** vu la tour Eiffel ?	*Hast du nie den Eiffelturm gesehen?*
Elles **ne** sont **plus** allées travailler.	*Sie sind nicht mehr arbeiten gegangen.*
Nous **ne** nous sommes **jamais** rencontré(e)s.	*Wir haben uns nie getroffen.*

➡ Die beiden Elemente der Verneinung **ne ... pas** *nicht*, **ne ... jamais** *nie* oder **ne ... plus** *nicht mehr* rahmen das Hilfsverb **avoir** bzw. **être** ein. Vor Vokalen oder stummem *h* wird **ne** zu **n'**.

3. Die Zeitpräpositionen *depuis* (seit) und *il y a* (vor)

Nous‿habitons à Munich **depuis** dix‿ans. *Wir wohnen* ***seit*** *10 Jahren in München.*

➡ **Depuis** *seit* bezieht sich auf Handlungen, die in der Vergangenheit begonnen haben und noch andauern.

Il y a dix‿ans, nous sommes venus à Munich. ***Vor*** *zehn Jahren sind wir nach München gekommen.*

➡ **Il y a** *vor* bezieht sich auf einen bestimmten Zeitpunkt in der Vergangenheit.

➡ Verwechseln Sie nicht: **il y a** = *vor* und **il y a** = *es gibt.*

Il y a trois ans, je suis allé(e) en France. ***Vor*** *drei Jahren bin ich nach Frankreich gegangen.*
Il y a une poste par ici ? ***Gibt es*** *eine Post hier in der Nähe?*

4. Die Ortspräpositionen *à, en, au* und *aux* bei Städten und Ländernamen

	où ? ***wo?***	**où ?** ***wohin?***	**d'où ?** ***woher?***
Städte	**à** Munich	**à** Munich	**de** Munich
Länder weiblich + männlich mit Vokal	**en**‿Allemagne	**en**‿Allemagne	**d'**Allemagne
Länder männlich mit Konsonant	**au** Canada	**au** Canada	**du** Canada
Länder Plural	**aux**‿Etats-Unis	**aux**‿Etats-Unis	**des**‿Etats-Unis

➡ Bei Städten steht in der Regel **à** bzw. **de**.
➡ Vor weiblichen oder mit Vokal beginnenden Länder- und Regionennamen steht **en** bzw. **de / d'**.
➡ Vor männlichen, mit Konsonant beginnenden Ländernamen steht **au** bzw. **du**.
➡ Vor Ländernamen im Plural steht **aux** bzw. **des**.

Je vais **à** Munich.	*Ich fahre nach München.*
Je viens **de** Munich.	*Ich komme aus München.*
Ils viennent **du** Canada.	*Sie kommen aus Kanada.*
Ils‿habitent **aux**‿Etats-‿Unis.	*Sie leben in den Vereinigten Staaten.*

5. Die Verschmelzung des bestimmten Artikels mit der Präposition *de*

Sie haben bereits gelernt (→ *Situation 3*), dass die Präposition **à** mit den bestimmten Artikeln **le** und **les** verschmilzt. Dies gilt auch für die Präposition **de**.

Il vient **du** centre-ville.	de + le → **du**	*Er kommt vom Stadtzentrum.*
Elle vient **de la** gare.		*Sie kommt vom Bahnhof.*
Nous venons **de l'**exposition.		*Wir kommen von der Ausstellung.*
Vous venez **des** Champs-‿Elysées ?	de + les → **des**	*Kommen Sie von den Champs-Elysées?*

6. Adjektive – Angleichung und Stellung

a. Angleichung des Adjektivs

		attributiv (Beifügung zum Substantiv)	**prädikativ** (Beifügung zum Verb)
Singular	männlich	J'ai un vin excellent.	Le vin est excellent.
	weiblich	J'ai une viande excellent**e**.	La viande est excellent**e**.
Plural	männlich	J'ai des vins excellent**s**.	Les vins sont excellent**s**.
	weiblich	J'ai des viandes excellent**es**.	Les viandes sont excellent**es**.

➡ Wie im Deutschen gleicht sich das französische Adjektiv bei attributivem Gebrauch in Geschlecht und Zahl dem Substantiv an. Im Gegensatz zum Deutschen findet diese Angleichung aber auch bei prädikativem Gebrauch statt, z.B. nach dem Hilfsverb **être**. In der Regel wird die weibliche Form durch Anhängen eines **-e** an die männliche Form gebildet, der Plural durch Anhängen von **-s** wie bei den Substantiven. Daher findet man meistens vier Formen des Adjektivs.

➡ Adjektive, deren männliche Form bereits auf **-e** endet, haben für beide Geschlechter dieselbe Form.

Le restaurant est très‿agréabl**e**.	*Das Restaurant ist sehr angenehm.*
La brasserie est très‿agréabl**e**.	*Die Brasserie ist sehr angenehm.*

➡ Einige Adjektive haben eine besondere weibliche Form.

délicieux	→	délicieu**se**	*köstlich*
sec	→	s**è**c**he**	*trocken*
blanc	→	blanc**he**	*weiß*
frais	→	fra**î**c**he**	*frisch*

Einige Adjektive haben neben einer besonderen weiblichen auch eine besondere männliche Form vor Substantiven, die mit Vokal oder stummem *h* beginnen:

männlich	männlich vor Vokal oder stummem *h*	weiblich	
beau	bel	belle	*schön*
nouveau	nouvel	nouvelle	*neu*
vieux	vieil	vieille	*alt*

b. Stellung des Adjektivs

In der Regel steht das Adjektiv **nach** dem Substantiv.

le vin blanc	*der Weißwein*
une exposition intéressante	*eine interessante Ausstellung*
une entreprise franco-allemande	*eine deutsch-französische Firma*

Einige kurze und häufig verwendete Adjektive wie **petit** *klein*, **grand** *groß*, **gros** *dick*, **beau** *schön*, **joli** *hübsch*, **jeune** *jung*, **vieux** *alt*, **bon** *gut* oder **mauvais** *schlecht* sowie die Ordnungszahlen, z.B. **deuxième** *zweite/-r/-s*, stehen **vor** dem Substantiv.

un petit problème	*ein kleines Problem*
Bonne journée !	*Schönen Tag!*
le deuxième marchand	*der zweite Händler*

CD 3	Track 21	Situation 8	*Imaginez-vous ...*
	Track 22	Situation 8	*D'abord, un peu de vocabulaire*
	Track 23	Situation 8	*Ecoutez le dialogue*
	Track 24	Situation 8	*Ecoutez et répétez*
	Track 25	Situation 8	*Exercice 1*
	Track 26	Situation 8	*Exercice 2*
	Track 27	Situation 8	*Exercice 3*
	Track 28	Situation 8	*Exercice 4*
	Track 29	Situation 8	*Exercice 5 : test de vocabulaire*
	Track 30	Situation 8	*Exercice 6 : conversation*

Dialog mit deutscher Übersetzung

(C = Carina, V = vendeuse, CA = caissière)

	Une boutique de mode rue Crébillon	***Eine Boutique in der Rue Crébillon***
V	Je peux vous‿aider ?	*Kann ich Ihnen helfen?*
C	J'aimerais essayer	*Ich möchte gern*
	cette jupe verte	*diesen grünen Rock anprobieren,*
	mais je ne trouve pas ma taille.	*aber ich finde meine Größe nicht.*
V	Quelle est votre taille ?	*Welche Größe haben Sie? (Welches ist Ihre Größe?)*
C	Je fais du trente-six (36).	*Ich habe (die) Größe 36.*
V	Malheureusement en trente-six (36),	*In 36 habe ich ihn leider*
	je l'ai uniquement en rose.	*nur in rosa.*
C	Oh non, je n'aime pas le rose.	*Oh nein, ich mag rosa nicht.*
	Vous n'avez pas	*Haben Sie nicht*
	un‿autre modèle en vert ?	*ein anderes Modell in Grün?*
V	J'ai ce modèle-ci.	*Ich habe dieses Modell hier.*
	La coupe est plus classique.	*Der Schnitt ist klassischer.*
C	Ce n'est pas mon style.	*Das ist nicht mein Stil.*
	C'est trop classique pour moi.	*Es ist zu klassisch für mich.*
V	Attendez ! Je crois	*Einen Moment (Warten Sie)! Ich glaube,*
	que j'ai quelque chose pour vous.	*ich habe etwas für Sie.*
	Tenez, c'est très jeune et en plus	*Hier, das ist sehr jung und außerdem*
	c'est moins cher ...	*ist es billiger (weniger teuer) ...*
	Je l'ai en noir, en rouge,	*Ich habe ihn in Schwarz, in Rot,*
	en jaune ... et en vert.	*in Gelb ... und in Grün.*
C	Oh oui, elle est plus jolie que l'autre.	*Oh ja, er ist schöner als der andere.*
	Je vais l'essayer.	*Ich werde ihn anprobieren.*
V	La cabine est‿au fond du magasin.	*Die Umkleidekabine ist ganz hinten im Laden.*
	[kurze Pause]	
	Alors, comment vous la trouvez ?	*Na, wie finden Sie ihn?*
C	Elle est un peu trop serrée.	*Er ist etwas zu eng.*
	Est-ce que vous‿avez	*Haben Sie ihn*
	une taille au-dessus ?	*eine Nummer größer (darüber)?*
V	Je vais voir.	*Ich werde mal nachschauen.*
	[kurze Pause] Voilà un trente-huit (38).	*Hier ist einer in 38.*
	C'est la dernière en vert.	*Das ist der letzte in Grün.*
	[kurze Pause] Ça vous va ?	*Passt er Ihnen?*
C	Qu'est-ce que vous‿en pensez ?	*Was meinen Sie (darüber)?*

V	Elle vous va bien, je trouve et la couleur est très tendance.	*Ich finde, er steht Ihnen gut* *und die Farbe ist sehr im Trend.*
C	Elle me plaît, je la prends.	*Er gefällt mir. Ich nehme ihn.*
V	Les T-shirts, vous les prenez aussi ?	*Nehmen Sie auch die T-Shirts?*
C	J'hésite. Ils font combien ?	*Ich weiß nicht (Ich zögere). Wie teuer sind sie? (Wie viel machen Sie?)*
V	Trente-deux‿euros (32) chacun.	*Jeweils 32 Euro.*
C	Le blanc, je le prends.	*Das weiße, das nehme ich.*
V	Si vous prenez les deux, je vous fais un prix. Disons ... soixante (60) euros les deux !	*Wenn Sie zwei nehmen, mache ich Ihnen einen guten Preis.* *Sagen wir ... 60 Euro für beide.*
C	D'accord. Je peux payer par carte de crédit ?	*OK. Kann ich mit Kreditkarte zahlen?*
V	Sans problème. Pour payer, vous‿allez à la caisse.	*Klar (Kein Problem). Bezahlen Sie bitte an der Kasse.* *(Um zu bezahlen, gehen Sie zur Kasse.)*
CA	Vous signez là, s'il vous plaît. Merci et bonne journée !	*Bitte unterschreiben Sie hier.* *Danke und einen schönen Tag!*
C	Au revoir !	*Auf Wiedersehen!*

Erläuterungen zu Grammatik und Sprachgebrauch

1. Boutiquen und Kaufhäuser

Eine **boutique** ist im Französischen einfach nur ein „Laden" oder ein „Geschäft", **une boutique de sport** ist z.B. „ein Sportgeschäft". Die Entsprechung für die deutsche „Boutique" ist **une boutique de mode** oder **un petit magasin de mode**. „Kaufhaus" heißt **le grand magasin**.
Die **rue Crébillon** in Nantes ist eine bekannte Fußgängerstraße mit vielen Boutiquen.
Wenn sich herausstellt, dass Sie in einem französischen Bekleidungsgeschäft eine Nummer größer brauchen, keine Panik ... Es heißt nicht unbedingt, dass Sie zugenommen haben. Bei Damenbekleidung entspricht die französische Größe 38 der deutschen Größe 36, die Größe 42 der deutschen Größe 40 usw.
Bei Schuhen heißt „Größe" **pointure** (und nicht **taille**). „Welche Schuhgröße haben Sie?" heißt **Quelle est votre pointure ?** und „Meine Schuhgröße ist 38" **Je fais du 38**.
Wenn Sie sich in einem Geschäft in Ruhe umschauen möchten, antworten Sie auf die Frage **Je peux‿vous aider ?** *Kann ich Ihnen helfen?* **Merci, je regarde.** *Danke, ich schaue nur.*

2. Die Demonstrativbegleiter

Die französischen Demonstrativbegleiter stehen wie die deutschen vor einem Substantiv und stimmen in Geschlecht und Zahl mit diesem überein. Hier sämtliche Formen im Überblick:

	Singular		Plural	
männlich	**ce** modèle	*dieses Modell*	**ces** modèles	*diese Modelle*
männlich vor Vokal oder stummem *h*	**cet** anorak	*dieser Anorak*	**ces**‿anoraks	*diese Anoraks*
weiblich	**cette** jupe	*dieser Rock*	**ces** jupes	*diese Röcke*

3. Der Komparativ des Adjektivs

Beim Komparativ (= erste Steigerungsform) unterscheidet man drei Stufen:

1. Der Komparativ gleichen Grades: Er wird gebildet, indem man **aussi** *ebenso* vor das Adjektiv setzt.
2. Der Komparativ höheren Grades: Er wird gebildet, indem man **plus** *mehr* vor das Adjektiv setzt.
3. Der Komparativ niedrigeren Grades: Er wird gebildet, indem man **moins** *weniger* vor das Adjektiv setzt.

Dem deutschen „als" bzw. „wie" entspricht im Französischen jeweils **que**.

aussi ... que	La robe est **aussi belle que** le pantalon. *Das Kleid ist **genauso schön wie** die Hose.*
plus ... que	La jupe verte est **plus jolie que** la jupe jaune. *Der grüne Rock ist **schöner als** der gelbe Rock.*
moins ... que	Les chaussures noires sont **moins chères que** les chaussures bleues. *Die schwarzen Schuhe sind **weniger teuer als** die blauen Schuhe.*

➡ Der Komparativ niedrigeren Grades (**moins chères** *weniger teuer*) wird im Französischen häufiger verwendet als im Deutschen. Im Deutschen benutzt man meistens das Gegenteil: billiger.

➡ Das Adjektiv **bon** *gut* hat einen unregelmäßigen Komparativ. Er wird nicht mit **plus** gebildet:
bon *gut* → **meilleur** *besser*
Ce vin est **bon** mais l'autre est **meilleur**. *Dieser Wein ist **gut**, aber der andere ist **besser**.*

4. Die direkten Objektpronomen der 3. Person

Was sind Pronomen? Pronomen sind kleine Wörter, die Substantive (Personen, Sachen oder Begriffe) ersetzen, um eine Wiederholung zu vermeiden.
Die direkten Objektpronomen entsprechen im Deutschen einem Akkusativ-Objekt (Frage „wen?" oder „was?"). Sie stimmen mit dem Substantiv, das sie ersetzen, in Geschlecht und Zahl überein.

Le pull, je **le** prends.	*Wörtlich: **Den Pulli**, ich nehme **ihn**.*
La jupe, je **la** prends.	*Wörtlich: **Den Rock**, ich nehme **ihn**.*
Cette jupe ? En 36, je **l'**ai uniquement en rose.	*Wörtlich: **Diesen Rock**? In 36 habe ich **ihn** nur in rosa.*
Le pantalon, je vais **l'**essayer.	*Wörtlich: **Die Hose**, ich werde **sie** anprobieren.*
Les T-shirts, je **les** prends.	*Wörtlich: **Die T-Shirts**, ich nehme **sie**.*

➡ Vor einem Vokal oder einem stummen *h* werden **le** und **la** apostrophiert:
Je **l'**aime. *Ich liebe ihn / sie / es.*

➡ Anders als im Deutschen stehen die Objektpronomen in der Regel **vor** dem konjugierten Verb.
Bei der Verneinung umschließen **ne** und **pas** Objektpronomen und Verb:
Je **ne** la prends **pas**. *Ich nehme ihn / sie / es nicht.*
Beim **passé composé** (Perfekt) umschließen die Verneinungspartikel Pronomen und Hilfsverb:
Je **ne** l'ai **pas** essayé. *Ich habe ihn / sie / es nicht anprobiert.*

➡ Beim **futur proche** (nahe Zukunft → *Situation* 10) steht das Objektpronomen vor dem Infinitiv:
Je vais **l'**essayer. *Ich werde ihn / sie / es anprobieren.*

➡ Die Objektpronomen der 1. und 2. Person lernen Sie in → *Situation* 9.

CD 4	Track 1	Situation 9	*Imaginez-vous ...*
	Track 2	Situation 9	*D'abord, un peu de vocabulaire*
	Track 3	Situation 9	*Ecoutez le dialogue*
	Track 4	Situation 9	*Ecoutez et répétez*
	Track 5	Situation 9	*Exercice 1*
	Track 6	Situation 9	*Exercice 2*
	Track 7	Situation 9	*Exercice 3*
	Track 8	Situation 9	*Exercice 4*
	Track 9	Situation 9	*Exercice 5 : test de vocabulaire*
	Track 10	Situation 9	*Exercice 6 : conversation*

Dialog mit deutscher Übersetzung

(S = Sébastien, C = Carina)

	Une excursion au bord de la mer	***Ein Ansflug ans Meer***
S	Voilà, nous sommes‿arrivés !	*Nun sind wir da!*
	On va se promener sur la falaise.	*Gehen wir auf den Klippen spazieren.*
	De là-haut, on‿a une vue superbe sur la côte.	*Von hier oben hat man eine herrliche Aussicht auf die Küste.*
C	Ouah ! Quelle vue ! C'est sublime !	*Wow! Was für eine Aussicht! Es ist grandios!*
S	Tu vois la petite île avec le phare là-bas ?	*Siehst du die kleine Insel mit dem Leuchtturm dort?*
	C'est l'Île des Goélands[1].	*Das ist die Möweninsel.*
	Chaque île, chaque grotte, chaque pointe a un nom et une histoire.	*Jede Insel, jede Höhle, jede Landzunge hat einen Namen und eine Geschichte.*
	On se baigne ? La mer est haute.	*Gehen wir baden? Es ist Flut.*
C	Ce n'est pas dangereux ?	*Ist es nicht gefährlich ?*
S	Aucun danger, la mer est calme mais on va à la grande plage : c'est mieux pour nager. [kurze Pause]	*(Überhaupt) keine Gefahr, das Meer ist ruhig, aber gehen wir zum großen Strand: es ist besser zum Schwimmen.*
C	Brr ! Elle (= l'eau) est fraîche.	*Brr! Das Wasser (Es) ist frisch.*
S	On nage jusqu'au bateau bleu ? [kurze Pause]	*Schwimmen wir bis zum blauen Boot?*
C	Bravo, tu as gagné !	*Bravo, du hast gewonnen!*
S	Je connais un bon resto[2] sur le port, je t'invite.	*Ich kenne ein gutes Restaurant am Hafen, ich lade dich ein.*
C	Ça vaut la peine de se baigner avec toi ...	*Es lohnt sich mit dir baden zu gehen ...*
	Ah mais au fait, c'est l'anniversaire de Stefan la semaine prochaine.	*Ach übrigens, Stefan hat nächste Woche Geburtstag (es ist der Geburtstag von Stefan nächste Woche).*
	Je voudrais lui acheter un cadeau avant.	*Ich möchte ihm vorher noch ein Geschenk kaufen.*
S	Stefan ... qui est-ce ?	*Stefan ... wer ist das?*
C	C'est mon frère.	*Das ist mein Bruder.*
S	Ah ... Qu'est-ce que tu lui offres ?	*Ah ... Was schenkst du ihm?*

[1] **le goéland** = große Möwe

C	Un souvenir d'ici. Un pull marin peut-être. [Im Souvenir-Laden] Voilà, je crois que c'est sa taille. Tu veux bien l'essayer ? Il est‿aussi grand que toi.	*Ein Souvenir von hier.* *Einen Matrosen-Pulli vielleicht.* *Also, ich glaube, es ist seine Größe.* *Magst du ihn anprobieren?* *Er ist genauso groß wie du.*
S	Alors, comment tu trouves … le pull ?	*Na, wie findest du ... den Pulli?*
C	Pas mal, pas mal ... Je le prends.	*Nicht schlecht, nicht schlecht ...* *Ich nehme ihn.*
S	… Ta jupe verte, elle est pas mal non plus …	*... Dein grüner Rock* *ist auch nicht schlecht ...*
C	Tu trouves ?	*Findest du?*
S	Elle te va super bien !	*Er steht dir super!*
C	Euh … Tu sais où il y a un cybercafé ? Je voudrais écrire quelques mails à mes‿amis. Il est temps que je leur envoie de mes nouvelles.	*Äh ... Weißt du, wo es ein Internetcafé gibt?* *Ich möchte meinen Freunden einige Mails* *schreiben.* *Es ist Zeit, dass ich von mir hören lasse* *(dass ich ihnen Nachrichten schicke).*
S	A côté du resto[2]. On se retrouve après au bar, pour l'apéro[3] ?	*Neben dem Restaurant.* *Treffen wir uns danach* *in der Bar zum Aperitif?*
C	O.K. mais c'est moi qui t'invite.	*OK, aber ich (betont) lade dich ein.*
S	Pas question. Si un jour je viens à Berlin, tu pourras[4] toujours m'inviter. Ça marche ?	*Kommt nicht in Frage.* *Wenn ich eines Tages nach Berlin komme,* *kannst du mich immer noch einladen.* *Einverstanden?*
C	Ça marche.	OK.

Erläuterungen zu Grammatik und Sprachgebrauch

1. Die Possessivbegleiter (mein, dein, sein ...)

SINGULAR		PLURAL	
männlich	**weiblich**	**männlich**	**weiblich**
le frère *der Bruder*	la sœur *die Schwester*	les frères *die Brüder*	les sœurs *die Schwestern*
mon frère	**ma** sœur	**mes** frères	**mes** sœurs
ton frère	**ta** sœur	**tes** frères	**tes** sœurs
son frère	**sa** sœur	**ses** frères	**ses** sœurs
notre frère	**notre** sœur	**nos** frères	**nos** sœurs
votre frère	**votre** sœur	**vos** frères	**vos** sœurs
leur frère	**leur** sœur	**leurs** frères	**leurs** sœurs

[2] **resto**: umgangssprachliche Abkürzung von **restaurant**

[3] **apéro**: umgangssprachliche Abkürzung von **apéritif**

[4] **pourras**: Futur (= Zukunft) von **pouvoir** können / dürfen

➡ Anders als im Deutschen unterscheidet das Französische in der 3. Person Singular nicht zwischen männlichem und weiblichem Besitzer. Entscheidend ist, ob das Substantiv, vor dem der Possessivbegleiter steht, männlich oder weiblich ist:
son pull *sein / ihr Pull* (**le** pull) **sa taille** *seine / ihre Größe* (**la** taille).

➡ **Votre** und **vos** werden – wie **vous** – auch als Höflichkeitsform verwendet.
C'est **votre** idée ? *Ist es eure / Ihre Idee?*
Ce sont **vos** amis ? *Sind es eure / Ihre Freunde?*

➡ Vor weiblichen Substantiven, die mit einem Vokal oder stummen *h* beginnen, werden aus phonetischen Gründen **ma, ta, sa** zu **mon, ton, son**, wobei **-on** nicht nasal gesprochen wird:
mon‿idée *meine Idee*, **son**‿**h**istoire *seine / ihre Geschichte.*

➡ Denken Sie an die Bindung! **Mon, ton, son, mes, tes, ses, nos, vos** und **leurs** werden vor Substantiven, die mit einem Vokal oder stummen *h* beginnen, gebunden:
mes‿amis *meine Freunde*, **nos**‿**h**istoires *unsere Geschichten.*

2. Die indirekten Objektpronomen der 3. Person

Die indirekten Objektpronomen entsprechen im Deutschen einem Dativ-Objekt (Frage „wem?" oder „was?"). Sie stehen nach Verben, die mit **à** konstruiert werden, z.B. **envoyer à quelqu'un** *jemandem schicken* oder **écrire à quelqu'un** *jemandem schreiben.*

Elle écrit **à Pierre.**	*Sie schreibt* ***Pierre.***
Elle **lui** écrit.	*Sie schreibt* ***ihm.***
Elle écrit **à Marie.**	*Sie schreibt* ***Marie.***
Elle **lui** écrit.	*Sie schreibt* ***ihr.***
Elle écrit **à Pierre et Marie.**	*Sie schreibt* ***Pierre und Marie.***
Elle **leur** écrit.	*Sie schreibt* ***ihnen.***

➡ Indirekte Objektpronomen vertreten ausschließlich Personen und Tiere. Hier sind einige Verben, die mit **à** konstruiert werden:

parler **à** quelqu'un	*jemanden sprechen*
téléphoner **à** quelqu'un	*jemanden anrufen*
offrir (quelque chose) **à** quelqu'un	*jemandem (etwas) anbieten / schenken*
donner (quelque chose) **à** quelqu'un	*jemandem (etwas) geben*

➡ Anders als im Deutschen wird bei dem Pronomen **lui** nicht zwischen männlich und weiblich unterschieden.
Je **lui** écris. *Ich schreibe* ***ihm.***
Je **lui** écris. *Ich schreibe* ***ihr.***

➡ Was die Stellung der Pronomen (auch im *passé composé* und bei der Verneinung) angeht, gelten dieselben Regeln wie für die direkten Pronomen (→ *Situation* 8):
Je **ne lui** ai **pas** écrit. (Ich habe ihm / ihr nicht geschrieben).

➡ Verwechseln Sie nicht das Pronomen **leur**, das unveränderlich ist, mit den Possessivbegleitern **leur** (Singular, z.B. **leur sœur**) bzw. **leurs** (Plural, z.B. **leurs sœurs**). → Punkt 1.

3. Die direkten und indirekten Objektpronomen – Übersicht

Direkte Objektpronomen		Indirekte Objektpronomen	
me (m')	*mich*	**me (m')**	*mir*
te (t')	*dich*	**te (t')**	*dir*
le (l')	*ihn / es*	**lui**	*ihm*
la (l')	*sie*	**lui**	*ihr*
nous	*uns*	**nous**	*uns*
vous	*euch / Sie*	**vous**	*euch / Ihnen*
les	*sie*	**leur**	*ihnen*

➡ Die direkten und indirekten Objektpronomen unterscheiden sich nur in der 3. Person Singular und Plural voneinander.

4. Ortspräpositionen

Die Ortspräpositionen *à* und *en* bei Städten und Ländernamen haben Sie bereits in der *Situation* 7 kennen gelernt. Weitere wichtige Ortspräpositionen haben wir in der folgenden Tabelle zusammengefasst.

a. Einfache Präpositionen

sur	**sur** la falaise	*auf den Klippen*
auf / an / über	**sur** le port	*am Hafen*
sous	**sous** la table	*unter dem Tisch*
unter	**sous** l'eau	*unter dem Wasser*
devant	**devant** l'hôtel	*vor dem Hôtel*
vor	**devant** vous	*vor euch / Ihnen*
derrière	**derrière** l'arrêt de bus	*hinter der Bushaltestelle*
hinter	**derrière** le théâtre	*hinter dem Theater*
dans	**dans** le quartier	*im Viertel*
in / auf	**dans** l'avion	*im Flugzeug*
	dans la rue	*auf der Straße*

➡ Die französischen Präpositionen haben meist keine einfache Entsprechung im Deutschen. Beispielsweise heißt **sur** zwar meistens *auf*, aber in einigen Fällen auch *an* oder *über*. Versuchen Sie daher, die Präpositionen immer im Kontext zu lernen.

b. Mit *de* zusammengesetzte Präpositionen

à côté de	à côté **du** restaurant	*neben dem Restaurant*
neben	à côté de la plage	*neben dem Strand*
	à côté de l'hôtel	*neben dem Hotel*
	à côté **des** restaurants	*neben den Restaurants*

➡ Eine Reihe von Präpositionen – wie z.B. **à côté de** – werden mit **de** gebildet. Diese Präpositionen verschmelzen genauso wie **de** (→ *Situation* 7) mit den bestimmten Artikeln **le** und **les**. Folgende Präpositionen werden ebenfalls mit **de** kombiniert:

en face de	**en face du** restaurant	*gegenüber dem Restaurant*
à droite de	**à droite de la** place Clémenceau	*rechts vom Platz Clémenceau*
à gauche de	**à gauche de l'**hôtel	*links vom Hotel*
près de	**près des** Champs-Elysées	*in der Nähe der Champs-Elysées*
loin de	**loin de la** mer	*weit weg vom Meer*
au fond de	**au fond du** magasin	*ganz hinten im Laden*

c. Die Präposition *jusque*

On nage jusqu'**au** bateau.	*Wir schwimmen bis zum Boot.*
On nage jusqu'à la pointe.	*Wir schwimmen bis zur Landspitze.*
On nage jusqu'à l'île.	*Wir schwimmen bis zur Insel.*
On nage jusqu'**aux** rochers.	*Wir schwimmen bis zu den Felsen.*

➡ Die Präposition **jusque** *bis* wird meistens mit **à** gebraucht, das mit den Artikeln **le** und **les** (→ *Situation* 3) verschmilzt.

CD 4	Track 11	Situation 10	*Imaginez-vous ...*
	Track 12	Situation 10	*D'abord, un peu de vocabulaire*
	Track 13	Situation 10	*Ecoutez le dialogue*
	Track 14	Situation 10	*Ecoutez et répétez*
	Track 15	Situation 10	*Exercice 1*
	Track 16	Situation 10	*Exercice 2*
	Track 17	Situation 10	*Exercice 3*
	Track 18	Situation 10	*Exercice 4*
	Track 19	Situation 10	*Exercice 5 : test de vocabulaire*
	Track 20	Situation 10	*Exercice 6 : conversation*

Dialog mit deutscher Übersetzung

(P = Pierre, S = Sébastien, C= Carina)

	Une soirée chez des amis	***Eine Party bei Freunden***
P	Tiens, Sébastien !	*Da schau her, Sébastien!*
	Bonsoir.	*Guten Abend.*
S	Salut Pierre. Comment vas-tu ?	*Hallo Pierre. Wie geht's dir?*
	T[1]'as l'air en pleine forme !	*Du siehst topfit aus!*
P	Ça va,	*Gut,*
	j'ai la pêche en ce moment	*ich bin voll gut drauf im Moment (ich habe den Pfirsich)*
	et toi, quoi d[2]'neuf ?	*und was gibt's bei dir Neues?*
S	J[3]'te présente Carina,	*Darf ich dir Carina vorstellen,*
	une amie allemande.	*eine deutsche Freundin.*
	J'reviens ...	*Ich komme gleich zurück ...*
	J'vais chercher	*Ich suche*
	une place de parking.	*einen Parkplatz.*
	J'suis en stationnement interdit ...	*Ich bin im Halteverbot ...*
	C'est difficile de s[4]'garer	*Es ist schwierig in diesem Viertel*
	dans c[5]'quartier !	*zu parken!*
	J'te confie Carina. [zu Pierre]	*Ich vertraue dir Carina an. [zu Pierre]*
	Ne la drague pas trop ...	*Mach sie nicht zu sehr an ...*
P	A tout de suite !	*Bis gleich!*
	C'est la première fois	*Bist du zum ersten Mal*
	que tu viens à Nantes ?	*in Nantes?*
C	Oui, c'est la première fois.	*Ja, es ist das erste Mal.*
P	Et ... alors ça te plaît ?	*Und ... gefällt es dir?*
C	Beaucoup. Je crois	*Sehr. Ich glaube,*
	que je vais revenir.	*ich werde wiederkommen.*
P	J'ai faim, j'ai soif,	*Ich habe Hunger, ich habe Durst,*
	tu viens ?	*kommst du mit?*
	On va chercher	*Wir holen uns*
	quelque chose au buffet.	*was vom Büffet.*
	[kurze Pause] Ah, voilà Sébastien !	*Ah, da ist Sébastien!*
	T'as déjà trouvé une place ?	*Hast du schon einen Parkplatz gefunden?*

1 **t'** = umgangssprachliche Abkürzung von **tu**
2 **d'** = umgangssprachliche Abkürzung von **de**
3 **j'** = umgangssprachliche Abkürzung von **je**
4 **s'** = umgangssprachliche Abkürzung von **se**
5 **c'** = umgangssprachliche Abkürzung von **ce**

S	Oui, j'ai eu de la chance. [zu Carina] On va danser ?	*Ja, ich habe Glück gehabt.* *Gehen wir tanzen?*
C	Bonne idée, la musique me plaît et j'ai envie de bouger.	*Gute Idee, die Musik gefällt mir* *und ich habe Lust mich zu bewegen.*
S	Qu'est-ce que tu vas faire pendant les vacances ?	*Was machst du eigentlich* *in den Ferien (während der Ferien)?*
C	D'abord, je vais rénover mon‿appart[6] et après, je vais passer une semaine chez des‿amis en‿Italie … en Toscane. Et toi, tu as des projets pour cet‿été ?	*Zuerst renoviere ich meine Wohnung* *und dann verbringe ich eine Woche* *bei Freunden in Italien ... in der Toskana.* *Und du, hast du Pläne für diesen Sommer?*
S	En juillet, on va faire du surf sur la côte basque avec des copains. On va y[7] rester deux semaines, je pense …	*Im Juli gehen wir surfen* *an der baskischen Küste* *mit Freunden.* *Wir werden dort zwei Wochen bleiben,* *denke ich ...*
C	Tu n'as pas envie de connaître Berlin ?	*Hast du keine Lust Berlin kennen zu lernen?*
S	Pourquoi est-ce que tu habites à Berlin ? C'est loin …	*Warum wohnst du denn in Berlin?* *Es ist so weit (Es ist weit) ...*
C	Mais parce que c'est une ville hyper intéressante … Ça bouge beaucoup !	*Es ist eine hochinteressante Stadt ...* *(Aber weil es … ist …)* *Da passiert viel (bewegt sich viel)!*
S	Mais il n'y a pas la mer … Donne-moi une bonne raison pour venir à Berlin !	*Aber es gibt kein Meer ...* *Nenn (Gib) mir einen guten Grund,* *um nach Berlin zu kommen!*
C	… l'amitié franco-allemande !	*... die deutsch-französische Freundschaft!*

Erläuterungen zu Grammatik und Sprachgebrauch

1. *Les mois* (die Monate), *la date* (das Datum)

janvier	*Januar*	juillet	*Juli*
février	*Februar*	août [ut]	*August*
mars	*März*	septembre	*September*
avril	*April*	octobre	*Oktober*
mai	*Mai*	novembre	*November*
juin	*Juni*	décembre	*Dezember*

➡ **en** juillet *im Juli*
en‿août *im August*
En juillet, je vais faire du surf avec des copains. *Im Juli gehe ich mit Freunden surfen.*

➡ Merken Sie sich auch:
début mars *Anfang März*
fin avril *Ende April*

[6] **appart** = umgangssprachliche Abkürzung von **appartement**
[7] **y** = dort

➡ Das Datum wird im Französischen im Gegensatz zum Deutschen mit den Grundzahlen gebildet, einzige Ausnahme ist der erste eines Monats:

1/7 : le **premier** juillet	*der erste Juli*
2/7 : le **deux** juillet	*der zweite Juli*
3/7 : le **trois** juillet etc.	*der dritte Juli usw.*

➡ Mit **de ... à** kann man einen Zeitraum ausdrücken:

de mars **à** octobre	*von März bis Oktober*
du 15 juillet **au** 15 août	*vom 15. Juli bis zum 15. August*

2. Die nahe Zukunft (*le futur proche*)

Mit dem **futur proche** kann man zukünftige Handlungen ausdrücken. Diese Zeitform wird aus dem Präsens von **aller** *gehen* und dem Infinitiv des jeweiligen Verbs gebildet.

faire *machen / tun*

	aller +	Infinitiv	
je	**vais**	**faire**	*ich werde machen*
tu	**vas**	**faire**	*du wirst machen*
il / elle	**va**	**faire**	*er / sie wird machen*
on	**va**	**faire**	*man wird / wir werden machen*
nous‿	**allons**	**faire**	*wir werden machen*
vous‿	**allez**	**faire**	*ihr werdet / Sie werden machen*
ils / elles	**vont**	**faire**	*sie werden machen*

➡ Qu'est-ce que **tu vas faire** pendant les vacances ?
Was wirst du in den Ferien / im Urlaub machen?
D'abord, **je vais rénover** mon appart.
Zuerst werde ich meine Wohnung renovieren.

➡ Es gibt im Französischen noch eine weitere Zukunftsform, das Futur I, das im Rahmen dieses Hörkurses aber nicht behandelt wird. Mit dem **futur proche** sind Sie aber bestens gewappnet: Beide Zukunftsformen sind fast immer austauschbar, wobei das **futur proche** in der Umgangssprache bevorzugt wird.

➡ Im Deutschen benutzen wir nur selten das Futur mit „werden", weil es als schwerfällig empfunden wird. Wenn aus dem Kontext hervorgeht, dass sich eine Handlung auf die Zukunft bezieht, wird stattdessen oft das Präsens verwendet.

3. Das Fragewort *pourquoi* (warum)

Intonationsfrage:	**Pourquoi** tu apprends le français ?
est-ce que-Frage:	**Pourquoi est-ce que** tu apprends le français?
Inversionsfrage:	**Pourquoi** apprends-tu le français ?
	Warum lernst du Französisch?

Mögliche Antworten:

… **parce que** je veux passer des vacances en France.	*… weil ich die Ferien in Frankreich verbringen möchte.*
… **parce que** j'ai des‿amis français.	*… weil ich französische Freunde habe.*
… **parce que** la langue me plaît.	*… weil mir die Sprache gefällt.*

4. Die Ortspräposition *chez* (bei)

Chez wird ausschließlich für Personen verwendet.

Nous sommes‿allés **chez** des‿amis hier soir.	*Gestern Abend waren wir bei Freunden.*
Nous‿avons rendez-vous **chez** moi.	*Wir sind bei mir verabredet.*
J'ai rendez-vous **chez** le coiffeur.	*Ich habe einen Termin beim Friseur.*

➡ **Aber**: Je travaille dans‿une banque. *Ich arbeite bei einer Bank.*

Alphabetisches Wörterverzeichnis des Gesamtkurses Französisch–Deutsch

Die Zahl verweist auf die *Situation*, in der das Wort zum ersten Mal erscheint. Das Geschlecht der Substantive (Hauptwörter) ist mit *m* für maskulin (männlich) und *f* für feminin (weiblich) angegeben, *pl* bedeutet Plural (Mehrzahl). Die feminine Form der Adjektive (Eigenschaftswörter) ist in Klammern angegeben. Wo diese Angabe fehlt, ist die feminine Form mit der maskulinen identisch. *Adv* bedeutet Adverb (Umstandswort).

A

à	an, bei, zu, nach, in 1
à côté	nebenan 2
à côté de	neben 9
à droite	(nach) rechts 3
à gauche	(nach) links 3
à la pression	vom Fass 4
à partir de	ab 2
à pied	zu Fuß 3
à tout à l'heure	bis später 5
abricot *m*	Aprikose 6
accepter	annehmen, akzeptieren 5
accord *m*: d'accord	Abkommen, Übereinstimmung: einverstanden, OK 1
acheter	kaufen 6
actuellement *adv*	im Moment, derzeit 2
addition *f*	Rechnung 5
adresse *f*	Adresse 3
âge *m*	Alter 1
agité (agitée)	bewegt, unruhig 9
agréable	angenehm 7
aider	helfen 3
aimer	lieben, gern haben, mögen 3
air *m*	Miene, Stimmung; Luft 10
allemand (allemande)	deutsch; Deutscher (Deutsche) 1
aller	gehen, fahren 1
aller chercher	holen 10
alors	nun, also 1
ami (amie) *m/f*	Freund (Freundin) 6
amitié *f*	Freundschaft 10
an *m*	Jahr 1
anglais (anglaise)	englisch; Engländer (Engländerin) 1
anniversaire *m*	Geburtstag 9
anorak *m*	Anorak 8
août *m*	August 10
apéritif *m*	Aperitif 4
apéro	= **apéritif** 9
appartement *m*	Wohnung 10
appeler: s'appeler	(an)rufen: heißen 1
appétit *m*	Appetit 7
apprendre	lernen, erfahren 4
appuyer	drücken 8
après	nach, danach 5
après-midi *m+f*	Nachmittag 3
arranger	zurecht kommen, zusammenstellen 6
arrêt *m*	Haltestelle 3
arriver	ankommen 9
assez	ziemlich, recht 4
assiette *f*	Teller 7
assiette *f* de crudités	Rohkostteller 7
attendre	warten 6
attention *f*	Vorsicht, Achtung 2
au bord de	an, bei 9
au fait	übrigens 9
au fond de	hinten 8
aucun (aucune)	kein/-e 9
au-dessus	darüber 8
aujourd'hui	heute 3
aussi	auch 6
aussi … que	ebenso … wie 8
automne *m*	Herbst 4
autre	andere/-r/-s 8
Autriche *f*	Österreich 7
autrichien (autrichienne)	österreichisch; Österreicher (Österreicherin) 1
avant	vorher 9
avec	mit 2
avion *m*	Flugzeug 1
avoir	haben 1
avoir envie de	Lust haben zu/auf 10
avoir l'air	aussehen 10
avoir la pêche	gut drauf sein 10
avril *m*	April 10

B

bagages *mpl*	Gepäck 2
banane *f*	Banane 6
bar *m*	Bar 2

bas (basse)	niedrig	9
basque	baskisch; Baske (Baskin)	10
bateau *m*	Boot	9
Bavière *f*	Bayern	7
beau (belle)	schön	4
beaucoup	sehr, viel	1
beaux-arts *mpl*	schöne Künste	3
beige	beige	8
beurre *m*	Butter	6
bien *adv*	gut	1
bien sûr *adv*	natürlich, sicher	2
bientôt: à bientôt	bald: bis bald	1
bière *f*	Bier	4
bilingue	zweisprachig	1
bistrot *m*	Bistro, Kneipe, Stehcafé	4
blanc (blanche)	weiß	4
bleu (bleue)	blau	7
boisson *f*	Getränk	4
boîte *f*	Dose	6
bon (bonne)	gut	1
bonjour	guten Morgen, guten Tag	1
bonne nuit	gute Nacht	1
bonsoir	guten Abend	1
bord *m*	Rand, Ufer	5
bouger	sich bewegen	10
boulevard *m*	Boulevard, Prachtstraße	3
bouteille *f*	Flasche	6
boutique *f*	Laden, Geschäft	5
boutique *f* **de mode**	Boutique	8
brasserie *f*	Brasserie, Kneipe	4
buffet *m*	Buffet	10
bureau *m* **de tabac**	Tabakladen	6
bus *m*	Bus	3

C

c'est	das ist	1
ça	das, dies	2
ça marche	OK, einverstanden	9
cabine *f*	(Umkleide-)Kabine	8
cadeau *m*	Geschenk	9
café *m*	Kaffee	4
café *m* **crème**	Milchkaffee	4
caisse *f*	Kasse	8
caissier (caissière) *m/f*	Kassierer(in)	8
calme	ruhig	9
Canada *m*	Kanada	7
carafe *f*	Karaffe, Krug	7
carotte *f*	Karotte	6
carte *f*	Karte	6
carte *f* **de crédit**	Kreditkarte	8
carte *f* **postale**	Postkarte	6
cathédrale *f*	Kathedrale, Dom	3
ce, cet, cette, ces	diese/-r/-s	8
cent	hundert	3
centre-ville *m*	Stadtzentrum, Stadtmitte	3
cerise *f*	Kirsche	6
chacun (chacune)	jede/-r/-s	8
chambre *f*	Zimmer	2
champignon *m*	Pilz	6
chance *f*	Glück, Chance	1
changer	sich ändern, wechseln	4
chaque	jede/-r/-s	9
château *m*	Schloss	3
chaud (chaude)	warm, heiß	4
chaussure *f*	Schuh	8
chemise *f*	Hemd	8
chemisier *m*	Bluse	8
cher (chère)	teuer, lieb	8
chercher	suchen	3
chez	(Personen) bei	10
chinois (chinoise)	chinesisch; Chinese (Chinesin)	1
chocolat *m*	Schokolade	7
choisir	(aus-)wählen	5
chouette	toll, nett	4
cinéma *m*	Kino	5
cinq	fünf	1
cinquante	fünfzig	3
cinquième	fünfte/-r/-s	3
classique	klassisch	8
clé *f*	Schlüssel	2
client *m*	Kunde	5
colloque *m*	Kolloquium	5
combien	wie viel/-e	6
commander	bestellen	7
comme	wie, als	7
commencer	beginnen, anfangen	4
comment	wie	2
commerce *m*	Handel	3
comprendre	verstehen	4
concert *m*	Konzert	5
concombre *m*	Gurke	6
confier	anvertrauen	10
connaître	kennen, kennen lernen	7
contrat *m*	Vertrag	5
conversation *f*	Unterhaltung	1
copain (copine) *m/f*	Freund(in)	10
côte *f*	Küste	4
coucher: se coucher	hinlegen: ins Bett gehen, schlafen gehen	5
couleur *f*	Farbe	8
coupe *f*	Schnitt; Becher, Pokal	8
coupe *f* **de glace**	Eisbecher	7

courgette *f*	Zucchini 6
crème *f* **brûlée**	„gebrannte Creme" aus Eigelb, Zucker, Milch und untergezogener Schlagsahne, anschließend karamellisiert (beliebtes Dessert) 7
crème *f* **caramel**	Karamellcreme 7
crêpe *f*	dünner Pfannkuchen (mit zahlreichen Füllungen) 7
croire	glauben 8
crudités *fpl*	Rohkost 7
cuisine *f*	Küche 4
cuvée *f* **du patron**	Hauswein 7
cybercafé *m*	Internetcafé 9

D

d'abord	zunächst, zuerst 4
dame *f*	Dame 1
danger *m*	Gefahr 9
dangereux (dangereuse)	gefährlich 9
dans	in 1
danser	tanzen 10
date *f*	Datum 10
de	von, aus 1
de … à	von … bis 10
de rien	gern geschehen, bitte 3
début *m*	Anfang, Beginn 10
décembre *m*	Dezember 10
décoration *f*	Innenausstattung 1
déjeuner *m*	Mittagessen 2
délicieux (délicieuse)	köstlich 7
demain	morgen 5
demi (demie)	halb 5
demi *m*	Bier vom Fass 4
département *m*	Departement, Landkreis 3
depuis	seit 7
dernier (dernière)	letzte/-r/-s 8
derrière	hinter 3
descendre	hinuntergehen, aussteigen 6
désirer	wünschen 2
désolé: être désolé	betrübt: leid tun 1
dessert *m*	Nachtisch, Dessert 7
deux	zwei 1
deuxième	zweite/-r/-s 6
devant	vor 3
difficile	schwierig, schwer 4
dimanche *m*	Sonntag 3
dîner	zu Abend essen 2
dîner *m*	Abendessen 2
dire	sagen 4
direct (directe)	direkt 3
direction *f*	Richtung 3
discothèque *f*	Diskothek 2
discuter	diskutieren 5
dix	zehn 1
dix-huit	achtzehn 1
dix-neuf	neunzehn 1
dix-sept	siebzehn 1
domaine *m*	Bereich, hier: Branche 1
dommage *m*: **(c'est) dommage !**	Schaden: (das ist) schade! 3
donner	geben 6
double	Doppel-, doppelt 2
doux (douce)	mild, süß 4
douze	zwölf 1
draguer	anmachen 10
drôle	lustig 4
duc *m*	Herzog 3

E

eau *f*	Wasser 4
eau *f* **gazeuse**	Wasser mit Kohlensäure 4
eau *f* **minérale**	Mineralwasser 6
eau *f* **non-gazeuse**	Wasser ohne Kohlensäure 4
écouter	(zu-)hören 1
écrire	schreiben 2
électronique *f*	Elektronik 1
elle	(betontes und unbetontes Personalpronomen, weiblich Singular) sie 1
elles	(betontes und unbetontes Personalpronomen, weiblich Plural) sie 1
en	in, nach 2
en ce moment	im Moment, gerade 3
en face de	gegenüber 3
en général	im Allgemeinen 4
en pleine forme	topfit 10
en plus	außerdem 8
encore	noch 2
entendre	hören 4
entre	zwischen 2
entreprise *f*	Firma 1
entrer	hineingehen, eintreten 5
enveloppe *f*	(Brief-)Umschlag 6
envie *f*	Lust 5
envoyer	(ab)schicken 8
Espagne *f*	Spanien 10

espagnol (espagnole)	spanisch; Spanier (Spanierin)	1
espèces: en espèces	bar	8
essayer	(an)probieren, versuchen	8
et	und	1
Etats-Unis *mpl*	Vereinigte Staaten	7
été *m*	Sommer	4
étonnant (étonnante)	erstaunlich, verwunderlich	5
être	sein	1
euro *m*	Euro	5
eux	(betontes Personalpronomen, männlich Plural) sie	4
exactement *adv*	genau, hier: wirklich	1
excellent (excellente)	ausgezeichnet	7
excursion *f*	Ausflug	9
excuser	entschuldigen	1
exercice *m*	Übung	1
exposition	Ausstellung	3
express *m*	Espresso	4

F

facile	leicht, einfach	3
faim *f*	Hunger	10
faire	machen, tun	4
faire du surf	surfen (gehen)	10
faire du vélo	Fahrrad fahren	10
faire froid	kalt(es Wetter) sein	10
falaise *f*	Steilküste, Klippen	9
fermé (fermée)	geschlossen	2
février *m*	Februar	10
filet *m*	Filet	7
film *m*	Film	5
fin *f*	Ende	10
finir	beenden, zu Ende gehen	5
foie *m* **gras**	Gänseleberpastete	7
fois *f*	Mal	4
foulard *m*	Halstuch	8
frais (fraîche)	frisch	7
fraise *f*	Erdbeere	6
framboise *f*	Himbeere	7
français (française)	französisch; Franzose (Französin)	1
franco-allemand (franco-allemande)	deutsch-französisch	1
froid (froide)	kalt	10
fromage *m*	Käse	6
fruit *m*	Frucht	4
futur *m* **proche**	nahe Zukunft	10

G

gagner	gewinnen	5
galerie	Galerie	5
gare *f*	Bahnhof	3
garer: se garer	parken	10
garniture *f*	Beilage	7
gâteau *m*	Kuchen	7
gâteau *m* **au chocolat**	Schokoladenkuchen	7
gigot *m* **d'agneau**	Lammkeule	7
goûter	probieren, kosten	6
gramme *m*	Gramm	6
grand (grande)	groß	7
gras (grasse)	fett	7
gratin *m* **dauphinois**	Kartoffelauflauf	7
grave	schlimm	1
gros (grosse)	dick	7
grotte *f*	Höhle	9
gruyère *f*	Schweizer Käse	6
guidé (guidée)	geführt	3

H

habiter	wohnen	1
haricot *m*	Bohne	7
haut (haute)	hoch	9
hésiter	zögern	8
heure *f*	Stunde; Uhrzeit	2
hier	gestern	5
hiver *m*	Winter	4
hollandais (hollandaise)	holländisch; Holländer (Holländerin)	4
hors-d'œuvre *m*	Vorspeise	7
hôtel *m*	Hotel	2
huit	acht	1
huître *f*	Auster	7

I

ici	hier	2
idée *f*	Idee	3
il	(unbetontes Personalpronomen) er, es	1
il faut	man muss	3
il y a	es gibt, (Präposition) vor	1, 7
île *f*	Insel	9
île *f* **flottante**	Eischnee auf Vanillesoße	7

ils	(unbetontes Personalpronomen, männlich Plural) sie	1
imaginer: s'imaginer	sich vorstellen, sich einbilden	1
impressionnisme *m*	Impressionismus	3
industrie automobile *f*	Automobilindustrie	1
industrie pharmaceutique *f*	pharmazeutische Industrie	1
informatique *f*	Informatik	1
interdit (interdite)	verboten	10
intéressant (intéressante)	interessant	3
inviter	einladen	9
Italie *f*	Italien	10
italien (italienne)	italienisch; Italiener (Italienerin)	1

J

jamais: ne ... jamais	nie	7
jambon *m*	Schinken	6
janvier *m*	Januar	10
jardin *m*	Garten	3
jaune	gelb	8
je	(unbetontes Personalpronomen) ich	1
jeudi *m*	Donnerstag	3
jeune	jung	7
joli (jolie)	hübsch, schön	5
journée *f*	Tag	6
juillet *m*	Juli	10
juin *m*	Juni	10
jupe *f*	Rock	8
jus *m* **d'orange**	Orangensaft	4
jus *m* **de fruits**	Fruchtsaft	4
jusqu'à	bis	9
juste	gerade	3

K

kilo *m*	Kilo	6
kir *m*	Kir (Cocktail)	4

L

la	(Artikel) der, die, das; (Objektpronomen weiblich Singular Akkusativ) sie	1
là	da, dort	9
là-bas	da, dort (drüben/hinten)	9
là-haut	da, dort oben	9
langue *f*	Sprache	10
lapin *m* **à la moutarde**	Kaninchen mit Senfsoße	7
large	weit	8
le	(Artikel) der, die, das; (Objektpronomen männlich Singular Akkusativ) ihn, es	1
leur	(Objektpronomen Plural Dativ) ihnen	9
leur, leurs	ihr/-e	9
liaison *f*	Bindung	1
libre	frei	3
ligne *f*	Linie	3
liste *f*	Liste	2
livre *f*	Pfund	6
loin *adv*	weit (entfernt)	3
lotte *f*	Lotte, Seeteufel (Fischsorte)	7
lui	(betontes Personalpronomen) er; (Objektpronomen Singular Dativ) ihm, ihr	4
lundi *m*	Montag	3

M

madame *f*	meine Dame, Frau ...	1
mademoiselle *f*	mein Fräulein, Fräulein ...	1
magasin *m*	Geschäft, Laden	8
magret *m* **de canard**	Entenbrust	7
mai *m*	Mai	10
mail *m*	Mail	9
mais	aber	1
mal *adv*	schlecht	9
malheureusement *adv*	leider	7
manger	essen	7
marchand *m*	Händler; Handels-	5
marché *m*	Markt	6
mardi *m*	Dienstag	3
marin (marine)	Matrosen-, Meer(es)-	9
marketing *m*	Marketing	1
mars *m*	März	10
matin *m*	Morgen	3
mauvais (mauvaise)	schlecht	7
Méditerranée *f*	Mittelmeer	4

meilleur (meilleure)	besser	8
melon *m*	Melone	6
même	gleiche/-r/-s; sogar	7
menu *m*	Menü	7
mer *f*	Meer	5
merci	danke	1
mercredi *m*	Mittwoch	3
Messieurs Dames *mpl*	meine Damen und Herren	4
métro *m*	Metro, U-Bahn	3
mettre	setzen, legen, stellen	5
midi *m*	Mittag	5
mieux *adv*	besser	9
minuit *m*	Mitternacht	5
mode *f*	Mode	1
modèle *m*	Modell	8
moi	(betontes Personalpronomen) ich	1, 4
moins	weniger	5
moins … que	weniger … als	8
mois *m*	Monat	10
moitié *f*	Hälfte	1
moment *m*	Moment, Augenblick	2
mon, ma, mes	mein/-e	8
monnaie *f*	Kleingeld, Währung	6
monsieur *m*	mein Herr, Herr …	1
montrer	zeigen	2
morceau *m*	Stück	6
moulin *m*	Mühle	7
Munich	München	7
muscadet *m*	trockener Weißwein aus der Gegend um Nantes	4
musée *m*	Museum	3
musique *f* classique	klassische Musik	5

N

nager	schwimmen	9
neige *f*	Schnee	4
neuf	neun	1
noir (noire)	schwarz	8
nom *m*	Name	2
non	nein	1
notre, nos	unser/unsere	8
nous	(unbetontes und betontes Personalpronomen) wir; (Objektpronomen Dativ und Akkusativ) uns	1
nouveau (nouvelle)	neu	7
nouvelle *f*	Nachricht, Neuigkeit	9
novembre *m*	November	10
nuit *f*	Nacht	2
numéro *m*	Nummer	1

O

obtenir	erhalten, bekommen	5
océan *m*	Ozean	2
octobre *m*	Oktober	10
office *f* de tourisme	Fremdenverkehrsamt	3
offrir	anbieten, schenken	9
oignon *m*	Zwiebel	6
on	(unbetontes Personalpronomen) man, wir	1
onze	elf	1
où	wo, wohin	3
oui	ja	1
ouvert (ouverte)	geöffnet	2

P

pain *m*	Brot	7
panaché *m*	Radler	4
pantalon *m*	Hose	8
paquet *m*	Schachtel	6
par	durch	4
par ici	hier in der Nähe	6
parc *m*	Park	5
pardon *m*	Entschuldigung	1
parents *mpl*	Eltern	9
parfait (parfaite)	perfekt, super	6
parisien (parisienne)	pariserisch; Pariser (Pariserin)	4
parking *m*	Parkplatz	2
parler	sprechen	1
participer	teilnehmen	5
particulier (particulière)	besondere/-r/-s, bestimmte/-r/-s	3
partir	abreisen	5
pas	nicht	1
pas de quoi	gern geschehen, bitte	3
pas du tout	überhaupt nicht	4
passage *m*	Passage	5
passer	vorbeigehen	1, 5
pâté *m*	Pastete	7
pâtes *fpl*	Pasta, Nudeln	7
pêche *f*	Pfirsich	6
pendant	während	10
penser	denken, meinen	8
petit (petite)	klein	1
petit déjeuner *m*	Frühstück	2
peu *adv*	wenig	6
peut-être	vielleicht	3

phare ***m***	Leuchtturm	9
pichet ***m***	Krug	7
pièce ***f***	Stück	6
pied ***m***	Fuß	3
piscine ***f***	Schwimmbad	2
place ***f***	Platz	1
plage ***f***	Strand	9
plaisir ***m***	Vergnügen	5
plan ***m***	Plan	3
plan ***m*** **de ville**	Stadtplan	3
plante ***f***	Pflanze	3
plat ***m***	Gericht, Speise	7
plat ***m*** **principal**	Hauptgericht	7
plateau ***m*** **de fromage**	Käseplatte	7
pleuvoir	regnen	4
pluie ***f***	Regen	4
plus	mehr	8
plus ... que	mehr ... als	8
plusieurs	mehrere	4
pointe ***f***	Landzunge	9
pointure ***f***	Größe (Schuhe)	8
poisson ***m***	Fisch	6
poivron ***m***	Paprikaschote	6
pomme ***f***	Apfel	6
pomme ***f*** **de terre**	Kartoffel	6
pommes ***fpl*** **de terre sautées**	Bratkartoffeln	7
port ***m***	Hafen	9
portable ***m***	Handy	1
possible	möglich	2
poste ***f***	Post	6
pour	für	1
pourboire ***m***	Trinkgeld	7
pourquoi	warum	5
pouvoir	können	3
préférer	lieber mögen, bevorzugen, vorziehen	6
premier (première)	erste/-r/-s	6
prendre	nehmen	3
près de	in der Nähe von, bei	3
présenter	vorstellen	10
prier: je vous en prie, je t'en prie	bitten: bitte sehr	1
principal (principale)	Haupt-	7
printemps ***m***	Frühling	4
prix ***m***	Preis	8
problème ***m***	Problem	1
prochain (prochaine)	nächste/-r/-s	9
projet ***m***	Projekt, Plan	5
promenade ***f***	Spaziergang	5
promotion ***f***	Werbung	6
prononcer	aussprechen	4
puis	dann	3
pull ***m***	Pullover	8

Q

quand	(Fragewort) wann, (Konjunktion) als	5
quarante	vierzig	3
quart ***m***	Viertel	5
quartier ***m***	Viertel	6
quatorze	vierzehn	1
quatre	vier	1
quatre-vingt-dix	neunzig	3
quatre-vingts	achtzig	3
que	(Konjunktion) dass; (Fragewort) was; (Relativpronomen) der, die, das	4
quel (quelle)	welche/-er/-es	1
quelque chose	etwas	3
quelques	einige	9
question ***f*****: pas question**	Frage: kommt nicht in Frage	9
quinze	fünfzehn	1
quoi ?	was?	10
quoi d'neuf ?	was gibt's Neues?	10

R

radio ***f***	Radio	2
raisin ***m***	Weintraube	6
raison ***f***	Grund	10
rarement ***adv***	selten	4
recommander	empfehlen	7
refuser	ablehnen	5
regarder	(an-/nach-)schauen, (an-/nach-)sehen	2
région ***f***	Region, Gegend	4
remercier	danken	2
rencontrer	treffen	7
rendez-vous ***m***	Verabredung, Termin	5
rénovation ***f***	Renovierung	2
rénover	renovieren	10
renseignement ***m***	Auskunft	3
repartir	wieder abreisen	5
répéter	wiederholen	2
répondre	antworten	6
réserve ***f*** **du patron**	Hauswein	7
réserver	reservieren	2
restaurant ***m***	Restaurant	2

rester bleiben 10
resto = restaurant 9
réussir Erfolg haben, gelingen 5
revenir zurückkommen 10
revoir: au revoir wiedersehen: auf Wiedersehen 1
riz ***m*** Reis 7
robe ***f*** Kleid 8
rose rosa 8
rôti ***m*** **de porc** Schweinebraten 7
rouge rot 4
rue ***f*** Straße 3

S

s'il vous/te plaît bitte 3
saison ***f*** Jahreszeit, Saison 4
salade ***f*** **composée** gemischter Salat 7
salade ***f*** Salat 6
salade ***f*** **niçoise** Nizzasalat 7
salle ***f*** **de bains** Bad(ezimmer) 2
salle ***f*** **de réunion** Besprechungsraum 2
salle ***f*** **de sport** Fitnessraum 2
salut hallo, tschüss 1
samedi ***m*** Samstag 3
santé ***f*** Gesundheit, Wohl 4
sauf außer 3
sauna ***m*** Sauna 2
savoir wissen, können 2
se baigner baden 9
se dire tu sich duzen 4
se garer parken 10
se laver sich waschen 5
se lever aufstehen 5
se promener spazieren gehen 6
se retrouver sich treffen 9
sec (sèche) trocken 4
seize sechzehn 1
séjour ***m*** Aufenthalt 3
semaine ***f*** Woche 3
séparément ***adv*** getrennt 7
sept sieben 1
septembre ***m*** September 10
serré (serrée) eng 8
serveur ***m*** Kellner, Bedienung 4
servir bedienen, servieren 2
signer unterschreiben 8
simple Einzel-, einzeln, einfach 2
situé (située) gelegen 3
six sechs 1
sœur ***f*** Schwester 9
soif ***f*** Durst 10
soir ***m*** Abend 2
soirée ***f*** Abend, Party 2, 10
soixante sechzig 3
soixante-dix siebzig 3
soleil ***m*** Sonne 4
son, sa, ses sein/-e, ihr/-e 8
sorbet ***m*** leicht gefrorenes Eis aus stark gesüßtem Fruchtsaft 7
sortie ***f*** Ausgang 6
sortir hinausgehen, ausgehen 5
soupe ***f*** **de poisson** Fischsuppe 7
souvenir ***m*** Souvenir, Andenken, Erinnerung 9
souvent oft 4
sport ***m*** Sport 2
stand ***m*** Stand 6
stationnement ***m*** Parken, Abstellen 10
steak ***m*** **au poivre** Pfeffersteak 7
style ***m*** Stil 8
sublime grandios 9
sud ***m*** Süden 7
suisse schweizerisch; Schweizer 1
superbe herrlich 9
sur über, auf 3
surréalisme ***m*** Surrealismus 3
sympa(thique) sympathisch, nett 1

T

table ***f*** Tisch 2
taille ***f*** Größe, Taille 8
tard spät 5
tarte ***f*** **Tatin** gestürzte Apfeltorte mit Karamellguss 7
temps ***m*** Zeit, Wetter 4
tendance ***f*** Trend, Tendenz 8
tenir halten 8
terrine ***f*** **du chef** Pastete nach Art des Hauses 7
thé ***m*** Tee 4
timbre ***m*** Briefmarke 6
tissu ***m*** Stoff 5
toi (betontes Personalpronomen) du 4
tomate ***f*** Tomate 6
ton, ta, tes dein/-e 8
Toscane ***f*** Toskana 10
toujours immer 3
tour ***f*** Turm 3
tourisme ***m*** Tourismus 1
tourner abbiegen 3

tout (toute) alles, ganz 3
tout de suite gleich 10
tout droit geradeaus 3
tout à fait ganz und gar 5
tramway *m* Straßenbahn 3
tranche *f* Scheibe 6
travail *m* Arbeit 1
travailler arbeiten 1
treize dreizehn 1
trente dreißig 3
très sehr 1
triste traurig 10
trois drei 1
trop (+ Adjektiv/ Adverb) zu 8
trop de zu viel/-e 6
trouver finden 6
T-shirt *m* T-Shirt 8
tu (unbetontes Personalpronomen) du 1

U

un/une ein/-e 1
uniquement nur 8

V

vacances *fpl* Ferien, Urlaub 1
valise *f* Koffer 2
valoir la peine sich lohnen 9
veau *m* Kalb 7
vélo *m* Fahrrad 10
vendeur (vendeuse) *m/f* Verkäufer(in) 8
vendre verkaufen 6
vendredi *m* Freitag 3
venir kommen 7
vent *m* Wind 4
verre *m* Glas 4
vers gegen 5
vert (verte) grün 6
viande *f* hâchée Hackfleisch 6
vieux (vieille) alt 7
ville *f* Stadt 1
vin *m* Wein 4
vingt zwanzig 1
visite *f* Besuch, Besichtigung 3
visiter besuchen, besichtigen 5
vite *adv* schnell 4
voilà da ist/sind 1
voir sehen 5
voiture *f* Auto 5
volontiers gern 7
votre, vos euer/eure, Ihr/-e 8
vouloir wollen 5
vous (unbetontes und betontes Personalpronomen) ihr, Sie; (Objektpronomen Dativ und Akkusativ) euch, Sie, Ihnen 1
vrai (vraie) wahr 4
vraiment *adv* wirklich 7
vue *f* Aussicht 9

W

week-end *m* Wochenende 5

Z

zéro null 1

Alphabetisches Wörterverzeichnis des Gesamtkurses Deutsch–Französisch

Die Zahl verweist auf die *Situation*, in der das Wort zum ersten Mal erscheint. Das Geschlecht der Substantive (Hauptwörter) ist mit *m* für maskulin (männlich) und *f* für feminin (weiblich) angegeben, *pl* bedeutet Plural (Mehrzahl).

A

ab	à partir de	2
abbiegen	tourner	3
Abend	soir *m*, soirée *f*	2
Abendessen	dîner *m*	2
aber	mais	1
ablehnen	refuser	5
abreisen	partir	5
acht	huit	1
Achtung	attention *f*	2
achtzehn	dix-huit	1
achtzig	quatre-vingts	3
Adresse	adresse *f*	3
akzeptieren	accepter	5
alles	tout	6
als	(Konjunktion) quand, (Vergleich) que, (in der Eigenschaft) comme	5, 7, 8
also	alors	1
alt	vieux	7
Alter	âge *m*	1
an	à	1
anbieten	offrir	9
Andenken	souvenir *m*	9
andere/-r/-s	autre	8
ändern	changer	4
Anfang	début *m*	10
anfangen	commencer	4
angenehm	agréable	7
ankommen	arriver	9
anmachen	draguer	10
annehmen	accepter	5
Anorak	anorak *m*	8
anprobieren	essayer	8
anrufen	appeler, téléphoner	1
anschauen	regarder	2
ansehen	regarder	2
antworten	répondre	6
anvertrauen	confier	10
Aperitif	apéritif *m*	4
Apfel	pomme *f*	6
Appetit	appétit *m*	7
Aprikose	abricot *m*	6
April	avril *m*	10
Arbeit	travail *m*	1
arbeiten	travailler	1
auch	aussi	6
auf	sur, à	3
auf Wiedersehen	au revoir	1
Aufenthalt	séjour *m*	3
aufstehen	se lever	5
Augenblick	moment *m*	2
August	août *m*	10
aus	de	1
Ausflug	excursion *f*	9
Ausgang	sortie *f*	6
ausgehen	sortir	5
ausgezeichnet	excellent	7
Auskunft	renseignement *m*	3
aussehen	avoir l'air	10
außer	sauf	3
außerdem	en plus	8
Aussicht	vue *f*	9
aussprechen	prononcer	4
aussteigen	descendre	6
Ausstellung	exposition *f*	3
Auster	huître *f*	7
auswählen	choisir	5
Auto	voiture *f*	5
Automobilindustrie	industrie *f* automobile	1

B

Bad	bain *m*, salle *f* de bains	2
baden	se baigner	9
Badezimmer	salle *f* de bains	2
Bahnhof	gare *f*	3
bald	bientôt	1
Banane	banane *f*	6
Bar	bar *m*	2
bar	en espèces *fpl*	8
baskisch, Baske (Baskin)	basque *m/f*	10
Bayern	Bavière *f*	7
bedienen	servir	2
Bedienung	serveur *m*	4
beenden	finir	5

beginnen	commencer	4
bei	(Personen) chez, (Sachen) près de	3, 10
beige	beige	8
Beilage	garniture *f*	7
bekommen	(erlangen) obtenir, (erhalten) recevoir	5
Bereich	domaine *m*	1
besichtigen	visiter	5
Besichtigung	visite *f*	3
besondere/-r/-s	particulier, spécial	3
Besprechungsraum	salle *f* de réunion	2
besser	(Adjektiv) meilleur, (Adverb) mieux	8, 9
bestellen	commander	7
bestimmte/-r/-s	particulier	3
Besuch	visite *f*	3
besuchen	visiter, (Person) rendre visite	5
bevorzugen	préférer	6
bewegt	agité	9
Bier	bière *f*	4
Bier vom Fass	demi *m*	4
Bindung	liaison *f*	1
bis	jusqu'à	9
bis bald	à bientôt	1
bis gleich	à tout de suite	10
bis später	à tout à l'heure	5
Bistro	bistrot *m*	4
bitte	s'il vous plaît, s'il te plaît; (Reaktion auf „danke") de rien, pas de quoi	3
bitte sehr	je vous en prie, je t'en prie	1
bitten	prier	1
blau	bleu	7
bleiben	rester	10
Bluse	chemisier *m*	8
Bohne	haricot *m*	7
Boot	bateau *m*	9
Boulevard	boulevard *m*	3
Boutique	boutique *f* de mode	8
Branche	domaine *m*, branche *f*	1
Bratkartoffeln	pommes *fpl* de terre sautées	7
Briefmarke	timbre *m*	6
Briefumschlag	enveloppe *f*	6
Brot	pain *m*	7
Buffet	buffet *m*	10
Bus	bus *m*	3
Butter	beurre *m*	6

C

Chinese (Chinesin)	chinois (chinoise) *m/f*	1
chinesisch	chinois	1

D

da ist/sind	voilà	1
da oben	là-haut	9
Dame	dame *f*	1
danach	après	5
danke	merci	1
danken	remercier	2
dann	puis	3
darüber	au-dessus	8
das	(Artikel) le, la; (Relativpronomen) que; (hinweisend) ça (= cela)	1, 2, 4
das ist	c'est	1
dass	que	4
Datum	date *f*	10
dein/-e	ton, ta tes	8
Dekoration	décoration *f*	1
denken	penser	8
Departement	département *m*	3
der	(Artikel) le, la; (Relativpronomen) que	1, 4
derzeit	actuellement	2
Dessert	dessert *m*	7
deutsch	allemand	1
Deutscher (Deutsche)	allemand (allemande) *m/f*	1
deutsch-französisch	franco-allemand	1
Dezember	décembre *m*	10
dich	(unbetont) te, (betont) toi	4
dick	gros	7
die	(Artikel Singular) le, la; (Artikel Plural) les; (Relativpronomen) que	1, 4
Dienstag	mardi *m*	3
dies/-e/-er/-es	(Adjektiv) ce(t), cette, ces; (Pronomen) ça (= cela)	1
dir	(unbetont) te, (betont) à toi	4
direkt	direct	3
Diskothek	discothèque *f*	2
diskutieren	discuter	5
Dom	cathédrale *f*	3
Donnerstag	jeudi *m*	3
Doppel-	double	2
doppelt	double	2

dort	là-bas 9
Dose	boîte *f* 6
drei	trois 1
dreißig	trente 3
dreizehn	treize 1
drücken	appuyer 8
du	(unbetont) tu, (betont) toi 1, 4
durch	par 4
Durst	soif *f* 10

E

ebenso … wie	aussi … que 8
ein/-e	un, une 1
einbilden	imaginer 1
einfach	simple, facile 2, 3
einige	quelques 9
einladen	inviter 9
eintreten	entrer 5
einverstanden	d'accord, ça marche 1, 9
Einzel-	simple 2
einzeln	simple 2
einzig	uniquement 8
Eisbecher	coupe *f* de glace 7
Elektronik	électronique *f* 1
elf	onze 1
Eltern	parents *mpl* 9
empfehlen	recommander 7
Ende	fin *f* 10
eng	(Kleidung) serré 8
Engländer (Engländerin)	anglais (anglaise) *m/f* 1
englisch	anglais 1
Entenbrust	magret *m* de canard 7
entschuldigen	excuser 1
Entschuldigung	pardon *m* 1
er	(unbetont) il, (betont) lui 1, 4
Erdbeere	fraise *f* 6
Erfolg haben	réussir 5
erhalten	obtenir 5
Erinnerung	souvenir *m* 9
erstaunlich	étonnant 5
erste/-r/-s	premier 6
es	(Subjektpronomen) il, (Objektpronomen) le, la 1
es gibt	il y a 1
Espresso	espresso *m*, express *m* 4
essen	manger 7
etwas	quelque chose 3
euch	vous 9
euer/eure	votre, vos 8
Euro	euro *m* 5

F

fahren	aller 1
Fahrrad	vélo *m* 10
Fahrrad fahren	faire du vélo 10
Farbe	couleur *f* 8
Februar	février *m* 10
Ferien	vacances *fpl* 1
Filet	filet *m* 7
Film	film *m* 5
finden	trouver 6
Firma	entreprise *f* 1
Fisch	poisson *m* 6
Fischsuppe	soupe *f* de poisson 7
Fitnessraum	salle *f* de sport 2
Flasche	bouteille *f* 6
Flugzeug	avion *m* 1
Frage: kommt nicht in Frage	question *f:* pas question 9
Franzose (Französin)	français (française) *m/f* 1
französisch	français 1
Frau	femme *f*, (Ansprache) madame *f* 1
Fräulein	(Ansprache) mademoiselle *f* 1
frei	libre 3
Freitag	vendredi *m* 3
Fremdenverkehrsamt	office *f* de tourisme 3
Freund (Freundin)	ami (amie) *m/f*, copain (copine) *m/f* 6, 10
Freundschaft	amitié *f* 10
frisch	frais 7
Frucht	fruit *m* 4
Fruchteis	sorbet *m* 7
Fruchtsaft	jus *m* de fruits 4
Frühling	printemps *m* 4
Frühstück	petit déjeuner *m* 2
fünf	cinq 1
fünfte/-r/-s	cinquième 3
fünfzehn	quinze 1
fünfzig	cinquante 3
für	pour 1
Fuß	pied *m* 3

G

Galerie	galerie 5
Gänseleberpastete	foie *m* gras 7
ganz	tout 6

ganz und gar	tout à fait 5
Garten	jardin *m* 3
geben	donner 6
Geburtstag	anniversaire *m* 9
Gefahr	danger *m* 9
gefährlich	dangereux 9
geführt	guidé 3
gegen	vers 5
Gegend	région *f* 4
gegenüber	en face de 3
gehen	aller 1
gelb	jaune 8
gelegen	situé 3
gelingen	réussir 5
gemischter Salat	salade *f* composée 7
genau	(Adverb) exactement 1
geöffnet	ouvert 2
Gepäck	bagages *mpl* 2
gerade	juste, (im Moment) en ce moment 3
geradeaus	tout droit 3
Gericht	(Essen) plat *m* 7
gern	volontiers 7
gern geschehen	de rien, pas de quoi 3
gern haben	aimer 3
Geschäft	magasin *m*, boutique *f* 8
Geschenk	cadeau *m* 9
geschlossen	fermé 2
gestern	hier 5
Gesundheit	santé *f* 4
Getränk	boisson *f* 4
getrennt	(Adverb) séparément 7
gewinnen	gagner 5
Glas	verre *m* 4
glauben	croire 8
gleich	tout de suite 10
gleiche/-r/-s	même 7
Glück	chance *f* 1
Gramm	gramme *m* 6
grandios	sublime 9
groß	grand 7
Größe	(Kleider) taille *f*, (Schuhe) pointure *f* 8
grün	vert 6
Grund	raison *f* 10
Gurke	concombre *m* 6
gut	(Adjektiv) bon, (Adverb) bien 1
gut drauf sein	avoir la pêche 10
gute Nacht	bonne nuit 1
guten Abend	bonsoir 1
guten Morgen	bonjour 1
guten Tag	bonjour 1

H

haben	avoir 1
Hackfleisch	viande *f* hâchée 6
Hafen	port *m* 9
halb	demi 5
Hälfte	moitié *f* 1
hallo	salut 1
Halstuch	foulard *m* 8
halten	tenir 8
Haltestelle	arrêt *m* 3
Handel	commerce *m* 3
Händler	marchand *m* 5
Handy	portable *m* 1
Haupt-	principal 7
Hauptgericht	plat *m* principal 7
Hauswein	cuvée *f* du patron, réserve *f* du patron 7
heiß	chaud 4
heißen	s'appeler 1
helfen	aider 3
Hemd	chemise *f* 8
Herbst	automne *m* 4
Herr	monsieur *m* 1
herrlich	superbe 9
heute	aujourd'hui 3
hier	ici 2
hier in der Nähe	par ici 6
Himbeere	framboise *f* 7
hinausgehen	sortir 5
hineingehen	entrer 5
hinten	au fond (de) 8
hinter	derrière 3
hinuntergehen	descendre 6
hoch	haut 9
Höhle	grotte *f* 9
holen	aller chercher 10
Holländer (Holländerin)	hollandais (hollandaise) *m/f* 4
holländisch	hollandais 4
hören	entendre, (zuhören) écouter 1, 4
Hose	pantalon *m* 8
Hotel	hôtel *m* 2
hübsch	joli 5
hundert	cent 3
Hunger	faim *f* 10

I

ich	(unbetont) je, (betont) moi 1, 4

Idee	idée *f*	3
ihm	lui	4, 9
ihn	le	1, 8
ihnen	leur	9
Ihnen	vous	9
ihr	(Subjektpronomen) vous; (Objektpronomen) lui; (Possessivpronomen) son, sa	1, 4, 9
Ihr/-e	votre, vos	8
im Allgemeinen	en général	4
im Moment	en ce moment, actuellement	2, 3
immer	toujours	3
Impressionismus	impressionnisme *m*	3
in	à, dans, en	1, 7
in der Nähe von	près de	3
Informatik	informatique *f*	1
Innenausstattung	décoration *f*	1
ins Bett gehen	se coucher	5
Insel	île *f*	9
interessant	intéressant	3
Internetcafé	cybercafé *m*	9
Italien	Italie *f*	10
Italiener (Italienerin)	italien (italienne) *m/f*	1
italienisch	italien	1

J

ja	oui	1
Jahr	an *m*	1
Jahreszeit	saison *f*	4
Januar	janvier *m*	10
jede/-r/-s	(Adjektiv) chaque, (Pronomen) chacun	8, 9
Juli	juillet *m*	10
jung	jeune	7
Juni	juin *m*	10

K

Kabine	cabine *f*	8
Kaffee	café *m*	4
Kalb	veau *m*	7
kalt	froid	10
Kanada	Canada *m*	7
Kaninchen	lapin *m*	7
Karaffe	carafe *f*	7
Karamellcreme	crème *f* caramel	7
Karotte	carotte *f*	6
Kartoffel	pomme *f* de terre	6
Kartoffelauflauf	gratin *m* dauphinois	7
Käse	fromage *m*	6
Käseplatte	plateau *m* de fromage	7
Kasse	caisse *f*	8
Kassierer(in)	caissier (caissière) *m/f*	8
Kathedrale	cathédrale *f*	3
kaufen	acheter	6
kein/-e	aucun	9
Kellner (Kellnerin)	serveur (serveuse) *m/f*	4
kennen	connaître	7
kennen lernen	connaître	7
Kilo	kilo *m*	6
Kino	cinéma *m*	5
Kirsche	cerise *f*	6
klassisch	classique	8
klassische Musik	musique *f* classique	5
Kleid	robe *f*	8
klein	petit	1
Kleingeld	monnaie *f*	6
Klippe(n)	falaise *f*	9
Kneipe	bistrot *m*, brasserie *f*	4
Koffer	valise *f*	2
Kolloquium	colloque *m*	5
kommen	venir	7
können	(dürfen) pouvoir, (wissen) savoir	2, 3
Konzert	concert *m*	5
kosten	(probieren) goûter, (Preis) coûter	6
köstlich	délicieux	7
Kreditkarte	carte *f* de crédit	8
Krug	carafe *f*, pichet *m*	7
Küche	cuisine *f*	4
Kuchen	gâteau *m*	7
Kunde	client *m*	5
Küste	côte *f*	4

L

Laden	magasin *m*, boutique *f*	5, 8
Lammkeule	gigot *m* d'agneau	7
Landkreis	département *m*	3
Landzunge	pointe *f*	9
legen	mettre	5
leicht	(einfach) facile, simple; (Gewicht) léger	3
leid tun	être désolé	1
leider	malheureusement	7
lernen	apprendre	4
letzte/-r/-s	dernier	8
Leuchtturm	phare *m*	9

lieben	aimer	3
lieber mögen	préférer	6
Linie	ligne *f*	3
links	gauche	3
Liste	liste *f*	2
Luft	air *m*	10
Lust	envie *f*	5
Lust haben zu/auf	avoir envie de	10
lustig	drôle	4

M

machen	faire	4
Mai	mai *m*	10
Mail	mail *m*	9
Mal	fois *f*	4
man	on	1
man muss	il faut	3
Marketing	marketing *m*	1
Markt	marché *m*	6
März	mars *m*	10
Matrosen-	marin	9
Meer	mer *f*	5
Meer(es)-	marin	9
mehr	plus	8
mehr … als	plus … que	8
mehrere	plusieurs	4
mein Fräulein	mademoiselle *f*	1
mein Herr	monsieur *m*	1
mein/-e	mon, ma, mes	8
meine Dame	madame *f*	1
meine Damen und Herren	Messieurs Dames *mpl*	4
meinen	penser	8
Melone	melon *m*	6
Menü	menu *m*	7
Metro	métro *m*	3
mich	(unbetont) me, (betont) moi	1, 4
Miene	air *m*	10
Milchkaffee	café *m* crème	4
mild	doux	4
Mineralwasser	eau *f* minérale	6
mit	avec	2
Mittag	midi *m*	5
Mittagessen	déjeuner *m*	2
Mittelmeer	Méditerrannée *f*	4
Mitternacht	minuit *m*	5
Mittwoch	mercredi *m*	3
Mode	mode *f*	1
Modell	modèle *m*	8
mögen	aimer	3
möglich	possible	2
Moment	moment *m*	2
Monat	mois *m*	10
Montag	lundi *m*	3
morgen	demain	5
Morgen	matin *m*	3
Mühle	moulin *m*	7
Museum	musée *m*	3

N

nach	(Richtung) à, en; (Reihenfolge) après	1, 2, 5
nach links	à gauche	3
nach rechts	à droite	3
Nachmittag	après-midi *m+f*	3
Nachricht	nouvelle *f*	9
nachschauen	regarder	2
nachsehen	regarder	2
nächste/-r/-s	prochain	9
Nacht	nuit *f*	2
Nachtisch	dessert *m*	7
nahe Zukunft	futur *m* proche	10
Name	nom *m*	2
natürlich	bien sûr	2
neben	à côté de	9
nebenan	à côté	2
nehmen	prendre	3
nein	non	1
nett	chouette, sympa	1, 4
neu	nouveau	7
Neuigkeit	nouvelle *f*	9
neun	neuf	1
neunzehn	dix-neuf	1
neunzig	quatre-vingt-dix	3
nicht	ne … pas	1
nie	ne … jamais	7
niedrig	bas	9
Nizzasalat	salade *f* niçoise	7
noch	encore	2
November	novembre *m*	10
Nudeln	pâtes *fpl*	7
null	zéro	1
Nummer	numéro *m*	1
nun	alors	8

O

öffnen	ouvrir	2
oft	souvent	4
OK	d'accord, ça marche	1, 9
Oktober	octobre *m*	10

Orangensaft	jus *m* d'orange	4
Österreich	Autriche *f*	7
Österreicher (Österreicherin)	autrichien (autrichienne) *m/f*	1
österreichisch	autrichien	1
Ozean	océan *m*	2

P

Paprikaschote	poivron *m*	6
Pariser (Pariserin)	parisien (parisienne) *m/f*	4
pariserisch	parisien	4
Park	parc *m*	5
parken	se garer	10
Parken	stationnement *m*	10
Parkplatz	parking *m*	2
Party	soirée *f*	10
Passage	passage *m*	5
Pasta	pâtes *fpl*	7
Pastete	pâté *m*, terrine *f*	7
perfekt	parfait	6
Pfannkuchen	crêpe *f*	7
Pfeffersteak	steak *m* au poivre	7
Pfirsich	pêche *f*	6
Pflanze	plante *f*	3
Pfund	livre *f*	6
pharmazeutische Industrie	industrie *f* pharmaceutique	1
Pilz	champignon *m*	6
Plan	plan *m*, projet *m*	3
Platz	place *f*	1
Post	poste *f*	6
Postkarte	carte *f* postale	6
Prachtstraße	boulevard *m*	3
Preis	prix *m*	8
probieren	goûter	6
Problem	problème *m*	1
Projekt	projet *m*	5
Pullover	pull *m*	8

R

Radio	radio *f*	2
Radler	panaché *m*	4
Rand	bord *m*	5
Rechnung	addition *f*	5
recht	(ziemlich) assez	4
rechts	droite	3
Regen	pluie *f*	4
Region	région *f*	4
regnen	pleuvoir	4
Reis	riz *m*	7
renovieren	rénover	10
Renovierung	rénovation *f*	2
reservieren	réserver	2
Restaurant	restaurant *m*	2
Richtung	direction *f*	3
Rock	jupe *f*	8
Rohkost	crudités *fpl*	7
rosa	rose	8
rot	rouge	4
rufen	appeler	1
ruhig	calme	9

S

Saft	jus *m*	4
sagen	dire	4
Saison	saison *f*	4
Salat	salade *f*	6
Samstag	samedi *m*	3
Sauna	sauna *m*	2
Schachtel	paquet *m*	6
schade: wie schade!	(c'est) dommage !	3
Schaden	dommage *m*	3
schauen	regarder	2
Scheibe	tranche *f*	6
schenken	offrir	9
schicken	envoyer	8
Schinken	jambon *m*	6
schlafen gehen	(aller) se coucher	5
schlecht	(Adjektiv) mauvais, (Adverb) mal	7, 9
schließen	fermer	2
schlimm	grave	1
Schloss	château *m*	3
Schlüssel	clé *f*	2
Schnee	neige *f*	4
schnell	(Adjektiv) rapide, (Adverb) vite	4
Schnitt	coupe *f*	8
Schokolade	chocolat *m*	7
Schokoladenkuchen	gâteau *m* au chocolat	7
schön	beau, joli	4, 5
schöne Künste	beaux-arts *mpl*	3
schreiben	écrire	2
Schuh	chaussure *f*	8
schwarz	noir	8
Schweinebraten	rôti *m* de porc	7
Schweiz	Suisse *f*	1
Schweizer (Schweizerin)	suisse (suisse) *m/f*	1

schweizerisch	suisse	1
Schweizer Käse	gruyère *f*	6
schwer	(schwierig) difficile, (Gewicht) lourd	4
Schwester	sœur *f*	9
schwierig	difficile	4
Schwimmbad	piscine *f*	2
schwimmen	nager	9
sechs	six	1
sechzehn	seize	1
sechzig	soixante	3
Seeteufel	(Fischsorte) lotte *f*	7
sehen	voir, (ansehen) regarder	2, 5
sehr	(bei Adjektiven und Adverbien) très, (bei Verben) beaucoup	1
sein	être	1
seit	depuis	7
selbe/-n	même	7
selten	(Adverb) rarement	4
Senf	moutarde *f*	7
September	septembre *m*	10
servieren	servir	2
setzen	mettre	5
sich ändern	changer	4
sich bewegen	bouger	10
sich duzen	se dire tu	4
sich einbilden	s'imaginer	1
sich lohnen	valoir la peine	9
sich treffen	se retrouver	9
sich vorstellen	s'imaginer, (Personen) se présenter	1
sich waschen	se laver	5
sicher	bien sûr	2
sie	(Subjektpronomen Singular) elle; (Subjektpronomen Plural) ils, elles; (betont) elle, eux, elles; (Objekt-pronomen Singular) la; (Objektpronomen Plural) les	1
Sie	(Subjektpronomen) vous; (Objektpronomen) vous	1
sieben	sept	1
siebzehn	dix-sept	1
siebzig	soixante-dix	3
sogar	même	7
Sommer	été *m*	4
Sonne	soleil *m*	4
Sonntag	dimanche *m*	3
Souvenir	souvenir *m*	9
Spanien	Espagne *f*	10
Spanier (Spanierin)	espagnol (espagnole) *m/f*	1
spanisch	espagnol	1
spät	tard	5
spazieren gehen	se promener	6
Spaziergang	promenade *f*	5
Speise	plat *m*	7
Speisekarte	carte *f*	7
Sport	sport *m*	2
Sprache	langue *f*	10
sprechen	parler	1
Stadt	ville *f*	1
Stadtmitte	centre-ville *m*	3
Stadtplan	plan *m* de ville	3
Stadtzentrum	centre-ville *m*	3
Stand	stand *m*	6
Stehcafé	bistrot *m*	4
Steilküste	falaise *f*	9
stellen	mettre	5
Stil	style *m*	8
Stimmung	air *m*	10
Stoff	tissu *m*	5
Strand	plage *f*	9
Straße	rue *f*	3
Straßenbahn	tramway *m*	3
Stück	morceau *m*, pièce *f*	6
Stunde	heure *f*	2
suchen	chercher	3
Süden	sud *m*	7
super	parfait, super	6
surfen (gehen)	faire du surf	10
Surrealismus	surréalisme *m*	3
süß	doux	4
sympathisch	sympa(thique)	1

T

Tabakladen	bureau *m* de tabac	6
Tag	jour *m*, journée *f*	6
tanzen	danser	10
Tee	thé *m*	4
teilnehmen	participer	5
Teller	assiette *f*	7
Tendenz	tendance *f*	8
Termin	rendez-vous *m*	5
teuer	cher	8
Tisch	table *f*	2
toll	chouette, super	4
Tomate	tomate *f*	6
topfit	en pleine forme	10
Toskana	Toscane *f*	10
Tourismus	tourisme *m*	1
Traube	raisin *m*	6
traurig	triste	10

treffen	rencontrer	7
Trend	tendance *f*	8
Trinkgeld	pourboire *m*	7
trocken	sec	4
tschüss	salut	1
T-Shirt	T-shirt *m*	8
tun	faire	4
Turm	tour *f*	3

U

U-Bahn	métro *m*	3
über	sur	3
überhaupt nicht	pas du tout	4
übrigens	au fait	9
Übung	exercice *m*	1
Ufer	bord *m*	5
Uhrzeit	heure *f*	2
Umschlag	enveloppe *f*	6
und	et	1
unruhig	agité	9
uns	nous	9
unser/unsere	notre, nos	9
Unterhaltung	conversation *f*	1
unterschreiben	signer	8
Urlaub	vacances *fpl*	1

V

Verabredung	rendez-vous *m*	5
verboten	interdit	10
Vereinigte Staaten	Etats-Unis *mpl*	7
Vergnügen	plaisir *m*	5
verkaufen	vendre	6
Verkäufer (Verkäuferin)	vendeur (vendeuse) *m/f*	8
verstehen	comprendre	4
versuchen	essayer	8
Vertrag	contrat *m*	5
viel	beaucoup	1
vielleicht	peut-être	3
vier	quatre	1
Viertel	(vierter Teil) quart *m*, (Stadtviertel) quartier *m*	5, 6
vierzehn	quatorze	1
vierzig	quarante	3
vom Fass	à la pression	4
von	de	1
von … bis	de … à	10
vor	(örtlich) devant, (zeitlich) il y a	3, 7
vorbeigehen	passer	1, 5
vorbeikommen	passer	5
vorher	avant	9
Vorsicht	attention *f*	2
Vorspeise	hors-d'œuvre *m*	7
vorstellen	imaginer, (Personen) présenter	1, 10
vorziehen	préférer	6

W

wählen	choisir	5
wahr	vrai	4
während	pendant	10
Währung	monnaie *f*	6
wann	quand	5
warm	chaud	4
warten	attendre	6
warum	pourquoi	5
was	que, (betont) quoi	4, 10
was gibt's Neues?	quoi de neuf ?	10
waschen	laver	5
Wasser	eau *f*	4
Wasser mit Kohlensäure	eau *f* gazeuse	4
Wasser ohne Kohlensäure	eau *f* non-gazeuse	4
wechseln	changer	4
Wein	vin *m*	4
Weintraube	raisin *m*	6
weiß	blanc	4
weit	(entfernt) loin, (breit) large	3, 8
welche/-r/-s	quel	1
wenig	peu	6
weniger	moins	5
weniger … als	moins … que	8
Werbung	(Angebot) promotion *f*	6
Wetter	temps *m*	4
wie	comme, (Fragewort) comment	2, 7
wie viel/-e	combien de	6
wieder abreisen	repartir	5
wiederholen	répéter	2
wiedersehen	revoir	1
Wind	vent *m*	4
Winter	hiver *m*	4
wir	nous, on	1
wirklich	(Adverb) exactement, vraiment	1, 7
wissen	savoir	2
wo	où	3

Woche	semaine *f*	3
Wochenende	week-end *m*	5
wohin	où	3
Wohl: zum Wohl!	à ta/votre santé *f*	4
wohnen	habiter	1
Wohnung	appartement *m*	10
wollen	vouloir	5
wünschen	désirer	2

Z

zehn	dix	1
zeigen	montrer	2
Zeit	temps *m*	4
ziemlich	assez	4
Zimmer	chambre *f*	2
zögern	hésiter	8
zu	à	1
zu	(+ Adjektiv/Adverb) trop	8
zu Abend essen	dîner	2
zu Ende gehen	finir	5
zu Fuß	à pied	3
zu viel/-e	trop de	6
Zucchini	courgette *f*	6
zuerst	d'abord	4
zuhören	écouter	1
zunächst	d'abord	4
zurechtkommen	s'arranger	6
zurückkommen	revenir	10
zusammenstellen	arranger	6
zwanzig	vingt	1
zwei	deux	1
zweisprachig	bilingue	1
zweite/-r/-s	deuxième	6
Zwiebel	oignon *m*	6
zwischen	entre	2
zwölf	douze	1

Grammatische Fachausdrücke

Lateinischer Ausdruck	Deutscher Ausdruck	Beispiel
Adjektiv	Eigenschaftswort	bon, bleu
Adverb	Umstandswort	actuellement, bien, vite
Artikel	Geschlechtswort	le/la/les, un/une/des
feminin	weiblich	la femme, la maison
Infinitiv	Grundform (des Verbs)	manger, vendre, finir
Konsonant	Mitlaut	b, c, d, f, g, l etc.
maskulin	männlich	le frère, le café
Objekt	Satzergänzung	J'aime *le vin.*
Partizip	Mittelwort der Vergangenheit	mangé, vendu, fini
Perfekt	vollendete Vergangenheit	j'ai mangé, tu as vendu, il a fini
Plural	Mehrzahl	les parents, les maisons
Possessiva	besitzanzeigende Fürwörter	*mon* frère, *sa* sœur
Präposition	Verhältniswort	*en* Allemagne, *chez* Pierre
Präsens	Gegenwart	(je) mange, (tu) vends, (il) finit
Pronomen	Fürwort	*je* suis, *il te* voit
reflexiv	rückbezüglich	s'appeler, je me lave
Singular	Einzahl	le restaurant, la voiture
Subjekt	Satzgegenstand	*Mes parents* habitent à Paris.
Substantiv	Hauptwort	vendeur, pomme, amitié
Verb	Zeitwort	être, avoir, aller
Vokal	Selbstlaut	a, e, i, o, u

Die wichtigsten Ausspracheregeln des Französischen

Konsonanten

Buch-stabe	Umgebung	Aussprache	Beispiele
C	vor **a**, **o** und **u** sowie vor **Konsonanten**	**k** in „Laken“	**c**afé, **c**omme, **cu**isine, **cl**é, **cr**ème, o**ct**obre
	vor **e**, **i** und **y**	stimmloses **s** in „das“	**ce**nt, **ci**néma, **cy**lindre
Ç	kommt nur vor **a**, **o** und **u** vor	stimmloses **s** in „das“	**ça**, (il/elle/on) re**ço**it (*er/sie/man bekommt*), re**çu** (*Beleg*)
CH	immer	**sch** in „**Sch**iff“	**ch**âteau, **ch**er**ch**er
G	vor **a**, **o** und **u** sowie vor **Konsonanten**	**g** in „**g**ut“	**ga**teau, **goû**ter, bilin**gu**e, **gl**ace, **gr**and
	vor **e**, **i** und **y**	stimmhaftes **sch** in „Genie“	oran**ge**, **gi**got, **gy**mnastique
GU	vor **e** und **i**	**g** in „**g**ut“	bilin**gue**, **gui**dé
H	immer	stumm	**h**ôtel, Le **H**avre
J	immer	stimmhaftes **sch** in „Genie“	**j**eune, dé**j**à, **j**ambon, **j**our
Q	am Wortende	**k** in „Laken“	cin**q**
QU	vor **a** und **o**	in der Regel wie **ka** bzw. **ko**	**qua**nd, **quo**tidien (*täglich*)
	vor **e** und **i**	**ke** bzw. **ki**	**que**l, **qui**
R	immer	wie das deutsche „Zäpfchen-r“, d.h. es wird nicht „gerollt“	**r**ouge
	in der Endung **-er**	nicht gesprochen	déjeune**r**, premie**r**
S	zwischen Vokalen und vor stimmhaften Konsonanten	stimmhaftes **s** in „**S**ommer“	mu**s**ique, me**s** ‿ amis, Stra**s**bourg
	am Wortanfang, als Doppel-konsonant **ss** oder vor stimmlosen Konsonanten	stimmloses **s** in „das“	**s**ans, pa**ss**er, po**s**te
	im Auslaut (z.B. Plural-*s*)	in der Regel nicht gesprochen	pa**s**, françai**s**, carotte**s**
V	immer	**w** in „**W**asser“ (auf keinen Fall wie **v** in „viel“!)	**v**in, la**v**er
X	zwischen Vokalen	stimmhaftes **s** in „**S**ommer“	deu**x**ième
	am Wortanfang und vor Konsonanten	**ks** (**s** ist stimmlos)	**x**ylophone, e**x**cuser
	vor Vokalen	**gs** (**s** ist stimmhaft)	e**x**ercice
	im Auslaut (z.B. Plural-*x*)	in der Regel nicht gesprochen	deu**x**, château**x**
W		**w** in „**W**asser“	**w**agon
		wie englisches **w**	**w**eek-end
Z	am Wortanfang und zwischen Vokalen	stimmhaftes **s** in „**S**ommer“	**z**éro, a**z**ur
	im Auslaut	nicht gesprochen oder wie stimmhaftes **s** in „**S**ommer“	che**z**, vene**z**, mergue**z** (*scharfe Paprikawurst*)

Oralvokale

Buchstabe	Umgebung	Aussprache	Beispiele
A	in den meisten Fällen	wie deutsches **a**	Madame
	wenn das **a** einen **accent circonflexe â** hat	„dunkles" **a**	âme (*Seele*)
	Buchstabenkombination **au**	**o** in „so"	**au**, restaur**au**nt
	Buchstabenkombination **ai**	**e** in „Rest"	m**ai**s
	Buchstabenkombination **ay**	**e** in „Rest" + **j**	ess**ay**er
E	u.a. wenn das **e** einen **accent grave è** bzw. **accent circonflexe ê** hat	**e** in „sehr"	**e**lle, **e**xcuser, bi**è**re, cr**ê**pe
	Buchstabenkombination **ei**	**e** in „sehr"	S**ei**ne
	Buchstabenkombination **eau**	**o** in „so"	**eau**, gât**eau**
	in unbetonter Silbe, vor allem am Wortende	schwachtoniges **e** in „Junge"	j**e**, n**e**, pomm**e**, r**e**garder
	in den Endungen **-er** und **-ez**, außerdem wenn das **e** einen **accent aigu é** hat	**e** in „Meer"	parl**er**, vous all**ez**, **é**t**é**
	Buchstabenkombination **eu**	geschlossenes **ö** in „Föhn"	p**eu**
		vor **r** wie offenes **ö** in „öffnen"	h**eu**re
	Buchstabenkombination **œu**	offenes **ö** in „öffnen"	s**œu**r
I	in den meisten Fällen	„helles" **i** in „klirren"	**i**c**i**, **i**dée
O	wenn ein Konsonant folgt	**o** in „kommen"	p**o**mme
	wenn das **o** die Silbe abschließt und wenn es einen **accent circonflexe ô** hat	**o** in „so"	p**o**t, d**ô**me
	Buchstabenkombination **ou**	**u** in „du"	p**ou**r
	Buchstabenkombination **oi**	**ua** in „Guatemala"	m**oi**
	Buchstabenkombination **oy**	**ua** in „Guatemala" + **j**	nett**oy**er
U	meistens	**ü** in „für"	j**u**s, r**u**e
	nach **g** und **q**	in der Regel nicht gesprochen	biling**u**e, q**u**and
	Buchstabenkombination **ui**	kurzes geschlossenes **ü** + kurzes **i**	n**ui**t, h**ui**t
	Buchstabenkombination **güe**	**gü** in „Gürtel"	ambi**güe** (*zweideutig*)
Y	immer	„helles" **i** in „klirren"	g**y**mnastique

Nasalvokale

Nasale – eine Besonderheit der französischen Sprache – sind Vokale, die durch die Nase gesprochen werden, wenn ein **m** oder **n** folgt. Die Buchstabenkombination Vokal + **m** bzw. **n** wird dann wie <u>ein</u> Nasalvokal gesprochen.

Buchstabe	Umgebung	Aussprache	Beispiele
A	Buchstabenkombination **am**, **an**, **em** und **en**, wenn kein Vokal folgt	nasaliertes geschlossenes **a**	d**an**s, j**am**bon, arg**en**t, t**em**ps
I	Buchstabenkombination **aim**, **ain**, **eim**, **ein**, **im**, **in**, **um**, **un**, **ym**, **yn**, wenn kein Vokal folgt	nasaliertes offenes **e**	f**aim**, p**ain**, R**eim**s, p**ein**t (*gemalt*), **im**portant, v**in**, **un**, parf**um**, s**ym**pathique, l**yn**x (*Luchs*)
O	Buchstabenkombination **om** und **on**, wenn kein Vokal folgt	nasaliertes geschlossenes **o**	c**om**bien, b**on**

Sonderzeichen

4 **die Cedille (la cédille)**
Ça va ? / le reçu (*Beleg*)
Die Cedille zeigt an, dass **c** vor **a**, **o** und **u** als stimmmloses **s** gesprochen wird.

4 **das Trema (le tréma)**
Citroën
Das Trema (¨) zeigt die getrennte Aussprache zweier Vokale an.

Betonung

Alle Wörter werden auf der letzten Silbe betont, dies gilt auch für Wörter fremden Ursprungs.

Liaison (Bindung)

Unter **liaison** versteht man die Aussprache eines an sich stummen Endkonsonanten eines Wortes, wenn das folgende Wort mit Vokal oder stummem *h* beginnt. Die beiden Wörter werden dann wie ein Wort gesprochen. Im Begleitheft haben wir dies durch ‿ gekennzeichnet.
trois, **aber** trois ‿ amis
chez, **aber** chez ‿ eux

In den folgenden Fällen *muss* die **liaison** gemacht werden:

Artikel + Substantiv	les ‿ amis, les ‿ hommes
Begleiter + Substantiv	ces ‿ amis, ces ‿ heures
Zahlwort + Substantiv	deux ‿ amis, deux ‿ heures
Adjektiv + Substantiv	un grand ‿ ami, un grand ‿ homme
Pronomen + Verb	nous ‿ écoutons, nous ‿ habitons, ils ‿ ont

Nach den Präpositionen **chez**, **dans**, **en**, **sans**, **sous**.
Nach den Adverbien **moins**, **plus**, **tout**, **très**.
Nach **et** (*und*) wird **nie** die **liaison** gemacht.

In allen anderen Fällen können Sie die **liaison** machen, wenn Sie besonders gepflegt sprechen wollen. Tendenziell wird sie im heutigen Französisch immer weniger realisiert. Beim Vorlesen (z.B. im Radio oder im Fernsehen) hingegen werden die Regeln genauer befolgt.

Hueber
Sprachen der Welt

Üben à la carte!

Französisch ganz leicht Grammatikbox

zum Lernen, Üben und Auffrischen

- 100 Lernkarten zur Darstellung der Grammatikregeln mit Erklärungen und einfachen Beispielsätzen
- 400 Übungskarten zum Üben und Testen mit den Lösungen auf der Rückseite
- Nach Grammatikthemen geordnet
- Mit klaren und kompakten deutschsprachigen Erklärungen und tabellarischen Übersichten
- Mit Registerfächern zum leichten Einordnen und Wiederfinden der Karten
- Für Anfänger und Wiedereinsteiger gleichermaßen geeignet.

100 Lernkarten und 400 Übungskarten
ISBN 3-19-009501-9

Auch für Englisch, Italienisch und Spanisch lieferbar.

Französisch ganz leicht Wortschatzbox

Eine praktische Box mit den 1.500 wichtigsten Wörtern der Alltagskommunikation auf 500 Karteikarten. Nach Sachgruppen geordnet, mit der deutschen Übersetzung auf der Rückseite, mit Beispielsätzen, Lautschrift und Informationen zur Grammatik. Auf der Mini-CD: Aussprachtrainer und nützliche Mustersätze.

Auch für Englisch, Italienisch und Spanisch lieferbar.

Mini-Audio-CD, 21 min
Kartenblock, 516 Karten
ISBN 3-19-003316-1

Max Hueber Verlag
Max-Hueber-Straße 4
85737 Ismaning
DEUTSCHLAND

www.hueber.de